D1296992

Geneviève YOUNG

Porteuses d'humanité

ÉDITIONS DE L'ÊTRE

Éditions de l'ÊTRE

283, chemin Lac-à-la-Loutre
Huberdeau (Québec) J0T 1G0
CANADA

Tél. : 819 687-3645
Courriel : odettepelletier@sympatico.ca
www.editionsdeletre.com

Distribution au QUÉBEC
Messageries de Presse Benjamin
101, rue Henry-Bessemer
Bois-des-Filions (Québec) J6Z 4S9
CANADA

Tél. : 450 621-8167
Téléc. : 450 621-8289
Courriel : jean-pierre.carrier@benjamin.ca

Distribution en FRANCE
Lasserre SAS et Éditions Co-Créatives
15, rue Amand Dumeau
3321 Langon FRANCE

Tél. : +05 56 62 57 00
Téléc. : +05 56 62 46 23
Courriel : lasserre@jardins-cocreatifs.com
www.jardins-cocreatifs.com

Distribution en SUISSE
Diffusion TRANSAT S. A.
Chemin des Chalets
CH-127 Chavannes-de-Bogis, SUISSE

Tél. : +022 342 77 40
Téléc. : +022 343 46 46
Courriel : transat@transatdiffusion.ch

Distribution BELGIQUE
Altera Diffusion
Rue Émile Fréon 168
B-106 Bruxelles BELGIQUE

Tél. : +32 2 543 06 04
Téléc. : +32 2 543 06 09
Courriel : a.daems@altera.opya.be
www.altera.opya.be

Toute reproduction, par quelque procédé que ce soit, est interdite sans l'autorisation du titulaire des droits.
Coordination et Direction du projet : Geneviève Young
Infographie : Julie Fortier, Feniks Design
Conseillère en communication visuelle : Caroline Rochefort, Oxygène Création
Peintre de la page couverture : Chantal Léveillé
Peintre de *La loi du retour* page 158 : Marie-Lise Pilote
Photographes : Sylvie Poirier et Isabelle «Zabel» Gauthier
Correctrices – réviseures : Odette Pelletier, Carole Saint-Père, Denise Turcotte, Sujata Vadlamudy, Julie Vigneault et Gaétane Vincent
Artiste maquilleuse : Chantale Corbeil

Dépôt légal 2010
Bibliothèque nationale du Québec
Bibliothèque nationale du Canada
Bibliothèque nationale de la France

ISBN 978-2-9809132-2-8
Imprimé au Canada

Quel que soit le genre, la féminité se retrouve dans tous les humains.
Prenons le temps de l'honorer et le monde s'en portera mieux !

Sommaire

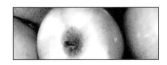

SOMMAIRE

« Si les femmes se débattent encore parfois avec des mémoires d'impuissance, le temps du changement est cependant venu. »

Préface

SYLVIE PETITPAS

Les femmes ont été les oubliées de l'histoire. Leur apport à la société est demeuré dans l'ombre, discret, voire intangible. Leurs faits d'éclat sont passés inaperçus. Leur dévouement, leur soutien à la communauté, leur force, leurs réalisations, leur débrouillardise, leur capacité d'empathie et leur créativité ont été considérés comme des caractéristiques féminines « normales » et banalisées par le fait même.

Comme je l'écrivais dans mon livre *De la survie à la vie, quelques petits pas...*, j'ai pu constater que les femmes portaient en elles des traces de conditionnements transmis de génération en génération. Pendant longtemps, elles n'ont pas eu droit à la place publique et ont dû se replier sur l'espace familial pour donner un sens à leur existence. Il aura fallu une longue route de courage et de détermination pour qu'elles intègrent le chemin du travail extérieur. Les peurs engendrées par un manque de pouvoir ne sont cependant pas disparues en cours de route, elles les ont suivies au travail. La peur de déplaire au père, qui était devenue la peur de déplaire au mari, a ainsi subi une mutation pour devenir la peur de déplaire au patron.

Les femmes tendent, de façon générale, vers un but ultime : plaire aux autres. On leur a dit, dès leur plus tendre enfance, d'être gentilles, douces et belles pour plaire. On leur a dit de servir les autres, d'être attentives aux besoins de leur environnement, d'être accueillantes et réconfortantes. Elles ne savent pas toujours où est leur place ni comment la prendre. Elles ont encore peur de désobéir, de déplaire.

Il faut donc beaucoup de courage aux femmes pour oser s'exprimer, particulièrement en public. Elles ont peur du jugement des autres, peur de perdre l'image si chèrement façonnée, peur aussi qu'on puisse utiliser ce qu'elles vont dire ou faire pour les asservir ou les humilier. J'ai été souvent le témoin privilégié du courage de ces femmes qui se prenaient par la main pour traverser le chemin avec leurs peurs, en toute solidarité, en toute sororité. En cela, je les honore.

C'est que les femmes ont osé se regarder dans le miroir. Elles ont osé aller à la rencontre de ces peurs ancestrales et renouer avec les parties d'elles-mêmes qui avaient été blessées. En osant parcourir le chemin de ces peurs, soutenues par la foi de leurs grands-mères, mères, filles, petites-filles, amies et collègues, en solidarité avec les femmes du monde entier, portant pour toute armure l'amour de soi et pour toute arme leur seul courage, ces femmes ont appris à ressentir leurs émotions sans les craindre, à se prendre par la main et à avancer vers leur destin. C'est ce qu'on appelle le courage de vivre.

Ce choix de vivre la tête haute et de s'exprimer en leur nom a poussé les femmes à sortir de la confusion et de la culpabilité qui les immobilisaient et à se faire confiance en se fiant sur leurs radars intérieurs. Elles ont ainsi dit oui à la vie et non à la manipulation.

Si les femmes se débattent encore parfois avec des mémoires d'impuissance, le temps du changement est cependant venu. De plus en plus, le féminin reprend sa place, celle qui lui revient, celle qui lui est due depuis longtemps. On admet maintenant que l'équilibre de l'humanité passe par l'harmonisation du yin et du yang. On ose parler sur la place publique de la plus-value véhiculée par les valeurs dites « féminines », porteuses de compassion et d'entraide.

Ce livre arrive donc à point pour mettre en mots et en images le parcours de plusieurs de ces femmes inspirantes qui jalonnent notre vie de tous les jours et qui donnent de l'espoir pour un monde meilleur. Ce miroir les aidera à se reconnaître dans toute leur valeur.

Merci Geneviève d'avoir eu cette merveilleuse idée et de l'avoir concrétisée. En cela, je t'honore aussi.

Que ce livre soit pour vous une source d'inspiration !

« Une chaîne se tisse entre nous, mais sa force est de nous unir pour mieux nous élever et non pour nous en empêcher les uns les autres. »

Les porteuses d'humanité

GENEVIÈVE YOUNG

Depuis des siècles, des chercheurs essaient d'identifier comment le premier humain est arrivé sur Terre. Les hypothèses nous ramèneraient-elles à une observation fondamentale ? Cet humain fut conçu et porté pendant neuf mois dans le ventre d'une femme. Ainsi, ce livre veut rendre hommage et se mettre à l'écoute de toutes ces porteuses d'humanité. Elles donnent la vie, tendent la main, éclairent les chemins, poursuivent la destinée de leur lignée et orientent de cette façon l'avenir du monde. Vous allez les reconnaître : elles sont vous, vos mères, vos grands-mères, vos aïeules, vos amies et déjà vos filles, vos nièces, vos petites-filles et... notre survivance humaine.

Ce collectif ose mettre les projecteurs sur des femmes qui évoluent dans l'ombre mais dont les enseignements portent en toute modestie le germe de l'héroïsme. Toutes les histoires nous éveillent à la richesse de la transmission des valeurs, à l'importance des luttes d'une génération à l'autre, d'un siècle au suivant. Peu de gens connaissent mon histoire personnelle, et pourtant, le secret de ma propre conquête s'y trouve.

Je suis née d'un père Trinidadien et d'une mère Québécoise. Troisième fille et dernière enfant de leur union, je me suis longtemps questionnée sur mes racines, sur ma culture. À peine consciente des réalités de la vie, je me demandais : « Comment était le quotidien, pour ma Grand'Ma Daphne Alexander Young, qui habitait Trinidad ? » Et quand je remontais un peu plus haut dans mon arbre généalogique, je passais des heures à m'imaginer comment c'était pour mes aïeules qui ont connu l'esclavage ? Peut-être qu'en travaillant dans les champs de coton, elles priaient pour que leurs filles et petites-filles n'aient pas à vivre les mêmes traitements qu'elles subissaient ? Je devine que leurs souffrances étaient si grandes qu'elles se mettaient à chanter du *gospel*, cette incantation qui leur permettait de croire, de supplier Dieu, pour que la prochaine femme de la lignée n'ait plus jamais à subir ces mêmes misères. Et aujourd'hui, je reconnais leur foi profonde et active. Je ressens beaucoup de gratitude pour leur détermination. Ce qu'elles ont fait est héroïque à mes yeux et je mesure que malgré toutes les difficultés, elles ont eu le courage de me donner la vie. L'avenir allait être différent et meilleur, croyaient-elles. Elles avaient raison.

Mais est-ce que la vie était plus simple pour mes aïeules québécoises ? Je ne pense pas ; je crois qu'elles vivaient sensiblement les mêmes sentiments, les mêmes émotions, même si leur terre d'accueil se trouvait à l'autre bout de la planète. Où qu'elles s'enracinent sur cette terre, de tous les temps, les femmes s'accrochent à une cause commune : celle de vivre en toute liberté !

Est-il nécessaire d'avoir des chaînes au pied pour vivre en esclave ? Être reconnue comme une personne humaine, conserver sa liberté de penser et d'agir, faire ses propres choix et avoir la possibilité de se développer sont encore et toujours un défi. Les femmes cherchent constamment des moyens de se libérer de ces emprisonnements culturels qui les empêchent d'ouvrir leurs ailes et ainsi de se réaliser. En comparant l'histoire de mes ancêtres trinidadiennes et québécoises, je réalise que peu importe la terre sur laquelle elles ont marché et grandi, ces femmes se ressemblent. Elles nous rappellent de ne jamais baisser les bras afin que l'humanité continue de progresser vers le droit de goûter à son plein potentiel, et ce, pour tous les êtres humains.

L'histoire entière de ma famille métissée me fascine. Je prends conscience que mes deux cultures véhiculaient une forme d'oppression : les femmes devaient se taire, être à la hauteur de leurs tâches nombreuses mais rester invisibles, se conformer à un modèle social sans faire de vagues, consacrer leur vie à réinventer la famille en renonçant à leurs aspirations personnelles... s'oublier, se donner, se sacrifier... c'était ce qu'on attendait d'elles. La société imposait ses règles : l'autoritarisme, la force, la violence et le contrôle faisaient des femmes des esclaves. On a ainsi étouffé les valeurs féminines et réduit le potentiel des femmes à leurs capacités maternelles. Comment réinventer une société en favorisant les qualités féminines ?

On peut se questionner sur cet aspect en se demandant pourquoi la société est toujours aussi masculinisée. Cette déformation enchaîne aussi les hommes d'une certaine façon. N'est-ce pas ensemble, en nous réalisant selon nos propres choix, que le monde deviendra meilleur ?

En écrivant ce billet, je réalise que je suis le dernier maillon féminin de cette descendance Young-Laurin. Je n'ai pas de fille, mes sœurs non plus ! Mes fils auront donc la tâche d'accueillir des femmes et de leur permettre de s'épanouir dans la continuité de notre lignée. Je sème en eux le germe de la complémentarité. Les hommes portent aussi l'avenir du monde et leur propre liberté s'accroche à la nôtre : une chaîne se tisse entre nous, mais sa force est de nous unir pour mieux nous élever et non pour nous en empêcher les uns les autres. Je crois que ma mission est différente de celles des femmes qui m'ont précédée : je la découvre en voyant que la solidarité est une clé précieuse. Certaines personnes doivent ouvrir le chemin pour que d'autres choisissent de marcher librement, sans chaînes aux pieds, vers un épanouissement qui respecte notre féminité. Alors, j'en parle ; j'y crois !

Ce projet de livre collectif en est une preuve : les femmes partagent le plaisir d'être elles-mêmes dans un contexte de solidarité. Elles le font avec une générosité et un respect qui portent un grand espoir, selon moi. C'est pourquoi j'aime remonter le temps, observer les changements, mesurer la marche humaine qui s'est vécue dans ma propre lignée comme dans la vôtre. Les porteuses d'humanité trouvent mille façons de contourner les obstacles, de tisser les liens de solidarité avec l'entourage, d'apporter leurs valeurs au sein de la famille en continuant d'enrichir ceux et celles qu'elles ont mis au monde avec amour.

En y pensant bien, plus globalement, chacune d'elles m'a donné la vie, m'a guidée, m'a tendu la main et m'a fait confiance afin que je poursuive ce chemin qu'elles ont débroussaillé pour que j'avance aujourd'hui vers mon épanouissement. Cette réflexion m'amène à comprendre que je suis une partie de chacune d'elles, que je suis face à mon unicité, que je dois comprendre d'où je viens pour mieux saisir mon essence et enfin me reconnaître. Chaque pensée de gratitude que je ressens envers mes aïeules me revient, en quelque sorte, parce qu'elles m'ont façonnée. Comme un fil qui me relie à mes ancêtres, qui me nourrit d'amour et de sagesse, je passe mon héritage aux autres femmes. Ce livre est un lien invisible entre nous toutes.

Convaincue que le parcours des femmes est semblable et constamment à réinventer, je salue le geste que posent ici une quarantaine de femmes qui se racontent pour baliser le chemin qui les a conduites à apprécier leur féminité. Elles sont fières et fortes, nos porteuses d'humanité !

Sans en mesurer l'importance, je crois que tous les lecteurs et lectrices viennent renforcer la chaîne de solidarité, de complicité qui permet de vivre dans un monde en équilibre avec ses valeurs humanistes. Les femmes qui prennent la parole ont l'audace et la transparence de dire où elles en sont, de témoigner de l'importance de tendre la main aux autres. Leur message va-t-il vous aider à vous intérioriser, à vous libérer, à assumer votre pleine créativité et à accoucher de vos projets ? Je formule un vœu : que nous devenions des sages-femmes les unes pour les autres.

En se libérant, les femmes choisissent de dire, d'être visibles, de s'opposer, de se reconnaître, de recevoir, de se réaliser... en toute féminité !

Ce livre est un recueil d'histoires authentiques, des parcours uniques mais probablement comparables aux vôtres. Il parle d'hier, d'aujourd'hui et de demain, de la famille, des amies et des mentors, en cherchant comment conquérir la liberté d'être soi-même. Ce livre veut honorer celles qui vous ont donné la vie, celles qui éclairent votre chemin, celles qui vous tendent la main, celles qui poursuivront demain... parce que vous êtes une partie d'elles, un maillon dans cette grande chaîne humaine !

Permettez-vous surtout, chère lectrice, cher lecteur, tout en gambadant d'une histoire à l'autre, de savourer pleinement votre féminité !

photographie : Zabelphoto

HOMMAGE À CELLES QUI DONNENT LA VIE

« *Toute naissance est la renaissance d'un ancêtre.* »

[Proverbe africain]

photographie : Sylvie Poirier

« Je l'aimais ma vie, dira ma maman sur son lit, je l'aimais ma vie et je m'en vais. Je ne fais pas mes bagages, je m'en vais, je m'abandonne, je n'ai pas de carte routière, je ne reviendrai plus jamais. »

Ma maman à moi

MARCIA PILOTE

Quand j'ai donné la vie, j'ai aussi donné la mort. Ils se fermeront, s'éteindront ces petits yeux, ce cerveau rempli de souvenirs, ces rires, ces moments tissés au fil de la vie, ces odeurs emmagasinées, ces émotions, ces sensations emprisonnées dans un corps qui connaîtra la vieillesse, qui tentera de comprendre la vie, qui souffrira, qui gémira. Bientôt, il n'y aura plus de vie dans le corps de ma mère. Je ne peux m'y résigner. Quand la vie disparaît, elle choisit sa cadence. Le spectacle d'une vie qui disparaît sous nos yeux. Chaque kilo de graisse qui fond emporte avec lui la vitalité du corps. Se coucher le soir dans son petit lit d'enfant et ne penser à rien, qu'à la voix de sa maman qui vient de chanter une chanson douce. Une chanson douce que me chantait ma maman, en suçant mon pouce j'écoutais en m'endormant. La musique de sa maman au fond des couvertures. Je n'ai jamais pu retrouver cela, cette douceur du soir, quand la petite lampe est allumée sur le comptoir de la cuisine, le bruit rassurant du lave-vaisselle qui nettoie les assiettes du souper. Ma maman qui écoute la télévision en coupant son fil avec ses dents car elle est en train de coudre un bouton. Ça ne peut jamais se reposer, une maman. Ma maman à moi, qui va se reposer un jour, longtemps, car elle va mourir. Ma maman à moi, qui aura de moins en moins de vie dans son corps. Je serai là pour lui chanter une chanson douce en ne sachant pas quoi dire ; j'aurai le cœur serré et la gorge enflée de ne pas être capable de parler, de lui dire combien je l'ai aimée, elle, la personne la plus importante de ma vie. Son ventre va se décomposer, ma petite maison n'existera plus, elle ne pourra plus me gratter avec ses belles mains douces. Pas capable de faire comme si le temps ne passait pas. Il passe chaque seconde, il fait son œuvre, il nous amène doucement vers autre chose. Quitter les gens que l'on aime, que l'on a aimés, quitter ce corps qui nous a transporté, soutenu, pris en charge, accueilli, s'ennuyer de soi quand on meurt. «Je l'aimais ma vie, dira ma maman sur son lit, je l'aimais ma vie et je m'en vais. Je ne fais pas mes bagages, je m'en vais, je m'abandonne, je n'ai pas de carte routière, je ne reviendrai plus jamais.»

Petite maman, il faut que je te laisse partir, tu n'es plus là tout à fait. Tu voudrais manger mais ton estomac ne veut plus. Ton corps veut s'en aller, mais tu n'arrives pas à accepter que c'est le moment. Il faudrait que tu sois inconsciente, il faudrait que tu ne sentes rien et que tu te laisses couler tranquillement au fond de la mort, glisser au cœur de la vie, t'abandonner pleinement, que tu dises : «Je suis prête, j'y vais», comme quand on joue à la cachette. Il y a un peu de cela dans ce jeu : prête, pas prête, j'y vais. Et je vais te prendre dans mes bras et te dire merci de m'avoir tant donné et je vais te dire qu'on continuera à s'aimer autrement, et ce sera vrai.

Ce texte est tiré du livre *La vie comme je l'aime*, chroniques d'hiver, éditions de Mortagne, 2009

photographie : Zabelphoto

« De tes yeux à mon âme, tu m'as dit adieu. De mon cœur au tien, on s'est dit : je t'aime. »

À la mémoire de la femme qui a inspiré ma vie

JASMINE BEAULIEU

Du sud de l'Inde à tes bras, il y a eu mon destin. De mon cœur au tien, il y a eu notre histoire. Maman, tu m'as inspirée jusqu'à ton dernier souffle et, si certains matins, j'arrive malgré ton absence à respirer le bonheur, c'est le souvenir de ton rire qui murmure en moi tes plus beaux airs de vie.

Tu ne m'as pas portée neuf mois, mais tu m'as patientée plus de quatre années. Je n'étais pas encore née quand vous avez commencé, papa et toi, les longues démarches d'adoption. Dans les années soixante-dix, c'était une bataille que d'entamer ce projet international. C'était avant-gardiste de choisir d'aimer à l'étranger. Malgré les nombreuses rencontres, la paperasse et toutes ces nuits à espérer, tu as choisi de continuer. Toi, tu rêvais d'aimer une petite Indienne. Toi, tu adorais cette culture et les traits physiques de cette nationalité. Tu es allée jusqu'au bout pour obtenir ce bonheur que tu méritais. Tu avais les yeux couleur détermination et c'est grâce à cette caractéristique que j'ai été un bébé sauvé de l'orphelinat, de la pauvreté et d'une vie dont je n'ai pas idée. Tu as réchauffé mon étoile et veillé à ce qu'elle reste toujours aussi lumineuse.

Tu avais perdu ta mère à l'âge de dix ans. Depuis ton enfance, ton projet de vie principal était de devenir maman. Être mère faisait partie de tes valeurs. Malgré qu'il t'ait fallu dix-sept ans avant de finalement tomber enceinte, tu portais aussi au fond de ton ventre ce désir d'adoption. Pour toi, ce n'était pas une alternative ou un second choix, c'était tout simplement un but. Déjà, vous aviez adopté une belle petite Québécoise aux cheveux bruns. Par la suite, tu avais aussi porté ta fille, un beau bébé aux yeux bleus et il y a eu moi, ta fleur de l'Inde qui est venue ajouter la couleur au trio.

À seize mois, par une journée de février, je suis arrivée à l'aéroport de Mirabel. Tu m'habillais avec des vêtements de taille six mois. J'étais mini et ton amour pour moi était déjà immense. Dès le premier instant, une relation d'amour inconditionnel s'est établie entre nous. Tu m'as dit ne pas t'être questionnée. Tu m'as toujours répondu que la simple recette pour éduquer son enfant était l'amour et c'est avec cet ingrédient que tu as su me nourrir du meilleur de ton cœur.

Ce n'est peut-être pas ton sang qui coule dans mes veines, mais c'est ton âme qui habite la mienne. Toi et moi, on se ressemblait. Toi et moi, nous avions de la difficulté à nous dire «JE T'AIME» mais on s'aimait profondément. Tu ne m'as jamais fait sentir l'adoption. J'ai toujours vécu ta fierté de m'avoir comme enfant. Tu as atténué chacune de mes peines et doublé toutes mes joies. Tu as mis de l'humour dans ma différence physique pour que je sois à l'aise avec mon identité à l'extérieur de mon nid, là où j'ai pu vivre le racisme et les paroles ingrates des autres enfants. Combien de fois tu as su mettre un baume sur cette blessure en me répétant que j'étais plus forte et que je devais m'aimer et être fière de la personne que j'étais. Mon pays a toujours été l'hiver et toi, tu as été mon unique mère. La différence entre une mère biologique et toi comme maman adoptive, c'est la différence d'amour que tu as fait briller dans ma vie en me protégeant chaque nuit.

Je me sens privilégiée de t'appartenir. Je me sens choyée d'être la fille de Madame Lyse Patry Beaulieu parce que tu as toujours été unique en ton genre... tu avais changé le « i » pour un « y » dans ton prénom afin de lui donner une particularité. Tu souriais les jours gris et tu sortais danser sous la pluie. Bien avant « Paris », tu habillais tes chiens miniatures comme des poupées. L'originalité et ton côté ludique faisaient partie intégrante de toi. Nous ne pouvions pas être en ta présence sans copier ta philosophie, tes habitudes ou tout simplement ton goût vestimentaire. Tu n'avais aucun sentiment de prétention dans tes actions ou tes paroles, et aucunement de préjugés envers les différents niveaux sociaux ; au contraire, papa et toi aviez réussi à bâtir une entreprise qui a eu du succès. Comme tu prônais la simplicité et les bonnes valeurs, ton humilité envers tous te rendait généreuse et tu as fait profiter aux gens qui t'entouraient de tout ce que tu pouvais connaître ou posséder. Tu ne gaspillais ni ton temps ni le matériel. Par contre, tu pouvais te vanter d'avoir comme richesse la créativité et le luxe du talent artistique pour exécuter tes projets de façon si grandiose. De la construction de tes maisons aux décors majestueux jusqu'à la décoration de gâteaux à la « Martha », avec complicité de papa, tu as orchestré tous ces grands et petits projets comme un artiste, avec passion. Tu passais tes journées le nez dans tes bouquins, dans les journaux et les revues spécialisées à apprendre sur tous les sujets qui te motivaient. Rien n'était à ton épreuve : l'allemand, la peinture sur toile, la méditation ; autodidacte de nature et curieuse de connaissances intellectuelles, tu n'avais définitivement pas assez de 24 heures dans une journée... Comme un mentor, tu as laissé pleine liberté à ma propre expression artistique. Dès mon enfance, tu as écouté et encouragé mes ambitions. Tu as mis sur mon chemin tous les outils nécessaires pour que je développe un éventail d'expériences. Aujourd'hui, je gagne ma vie par ma créativité et je garde en reconnaissance tous les efforts que tu as faits pour m'amener d'une audition à une formation, d'un cours à une prestation, sans attentes de ta part, sans justifications à te faire ; toi, tu m'attendais avec tes mots croisés et ton plus beau sourire.

C'est d'ailleurs ce sourire qui t'a permis de passer à travers la plus grande épreuve qui t'a suivie et qui résumera toute ta vie. Celle de vivre avec un seul poumon. Enfant, tu avais déjà une faiblesse à ce niveau puisque tu étais bronchite. C'était l'époque où l'on retirait les dents lorsqu'elles étaient douloureuses et où la parole des docteurs, sans deuxième avis, était aussi sacrée que celle du curé. Sans mère, sans référence, et avec à peine dix-neuf ans, tu as fais confiance au meilleur de ta connaissance aux professionnels. Tu as subi l'opération qui devait améliorer l'état de ta santé, mais tout a empiré par la suite. On t'avait donné une espérance de vie jusqu'à tes cinquante ans. Tu as vécu avec des problèmes pulmonaires jusqu'à la fin de ta vie qui t'ont empêchée de courir, de monter des escaliers et de vivre une jeunesse normale. Tu étais à bout de souffle pour mener à bien tes projets et à nous éduquer. Entre les séjours à répétition à l'hôpital, les pneumonies et la toux nuit et jour, tu gardais le sourire dans ta souffrance. La seule médecine en quoi tu avais confiance était la foi, le positivisme, l'humour et l'amour des tiens. Tout le reste, tu as dû faire tes propres recherches pour parvenir à prolonger ton espérance de vie. Grâce à tes connaissances en santé et la volonté de trouver une autre façon d'améliorer ta qualité de vie, tu as été celle pour qui le bio, l'alimentation vivante et la médecine alternative ont fait leurs preuves positives sur ta santé et les 18 années en bonus.

« ...c'est le souvenir de ton rire qui murmure en moi tes plus beaux airs de vie. »

Avec le temps, ton état s'est aggravé, ton poumon s'est asséché, ton cœur a pris de l'expansion, l'inévitable voulant reprendre son dû. Tu as enduré dix ans d'oxygène en permanence et un appareil pour t'aider à respirer à chaque fois que tu osais fermer l'œil. Ce fut un réel combat. Tu as continué à vivre sans jamais te plaindre, sans oser changer ta philosophie ou ton mode de vie : bateau, vélo-tandem, ski-doo, voyage... Si les gens avaient vu tous les efforts que tu faisais pour te lever et venir à bout de passer à travers tes journées, tu aurais probablement été honorée pour ton courage. J'en profite par ces mots pour témoigner de la force et de la sagesse qui guidaient chacun de tes gestes.

Tu as disparu avant même que la neige ne disparaisse complètement. Nous étions à trois bourgeons de crier victoire sur l'hiver et sur les longs corridors d'hôpitaux. Dans toute la lourdeur de ta maladie, nous étions là pour profiter avec toi de la légèreté du mois d'avril. Tu n'espérais qu'une seule chose : voir nos enfants grandir.

Je t'avais servi ton dernier café. Et avoir su, je l'aurais fait « allongé » pour allonger chaque seconde en ta présence. Le café a refroidi sur la table. Tu es partie avant 15 h une autre fois en ambulance. Ce fut la dernière. C'est le printemps qui a manqué d'air.

Le jour où tu m'as quittée, c'est la moitié de mon cœur qui s'est arrachée. Depuis ce jour, je me sens éteinte de ma gorge à mon nombril quand je me rappelle le dernier instant.

De tes yeux à mon âme, tu m'as dit adieu. De mon cœur au tien, on s'est dit : je t'aime. Maman, tu m'as inspirée jusqu'à ton dernier souffle et, si certains matins, j'arrive malgré ton absence à respirer le bonheur, c'est alors le souvenir de ton rire qui murmure en moi tes plus beaux airs de vie.

MERCI maman. Je t'aimerai toute ma vie.

Ta fille Jasmine

photographie : Zabelphoto

L'allumeuse de réverbères

DENISE TURCOTTE

Petit feu dans ton globe de verre
Qui es-tu ? Toi !
Montre-moi ta couleur, prends ton air !
Fais-en un feu de joie !

Ce sont les mots qui me brûlent les lèvres chaque fois que je détecte une étincelle, aussi petite soit sa lueur, comme si le grand feu qui m'habitait, cherchait une route, cherchait son air, cherchait son heure.

Mais, qui a allumé ce feu en moi ?
C'est ma mère !
Qui, par immersion dans son univers
M'a partagé cette flamme essentielle
Des enfants voyant le potentiel
Elle allumait les yeux
Les faisait briller de mille feux.
Tel un phare ouvrant la route
Au désir d'aller plus loin
De sa confiance chassait le doute
Rassurait les incertains
Par sa passion de la connaissance
Elle partageait ainsi son essence.
Elle m'a enseigné, sans l'avoir dit
Que ce feu, parfois incontrôlable et sauvage
Si précieux à la vie
Même si, sous son globe est sage
Patient et apprivoisé
Ne peut qu'être partagé.

Alors pourquoi tant de furie
Habite en moi, dicte ma vie ?
Enfant, je me revois
Admirant ma mère, ce feu de joie
Maintenant adulte j'ai compris
Pourquoi ces prétendus façonniers de bougies
Ces confrères et ces consœurs
D'un si grand feu avaient tant peur.
Un si grand feu doit être contrôlé !
À une lanterne confiné !
Qu'on lui laisse moins d'air !
Changez ce phare en réverbère !
Ma mère j'ai vu pleurer
De son sort bien accablé
En moi, impuissante, la gorge nouée
Grandit le rêve de dénoncer
Trop grande bataille pour une enfant
Mes mots figèrent devant ces « grands ».

Mais comment peut-on contenir un feu de joie sous un globe de verre ? Ce feu doit vivre, il ne peut être éteint, par tous les moyens il trouvera son chemin. Et, tel un méandre de passion, en moi, il trouva maison.

Au début, il me brûlait les lèvres de sa furie.
Tenez-vous le pour dit !
Gardez-la, votre éducation !...
Je ne travaillerai pas dans vos institutions !...
Croyant ce phare éteint
Sur une carrière, je mis les freins
Baissant la tête, tournant le dos
Voguant ma vie de mots en maux.
Ce feu, maintenant assagi, en moi a trouvé sa demeure
A fait sa place, pris ses couleurs
J'ai appris à le connaître et le travailler
Mais je sais ! je sais !

Que ce précieux feu doit être partagé.
Je suis une allumeuse de réverbères
Je débusque la passion
La protéger est ma mission
Si j'ai une recommandation à faire :
Pour qu'elle reste allumée
Quand le vent vient à souffler
Dans la tourmente et dans le doute
Cherche tes traces et suis ta route.

J'ai suivi ma route et fini par apprivoiser ce feu qui, au début, me brûlait la gorge, calcifiant peu à peu en maux mes mots interdits. Messieurs les chirurgiens, vous pouvez ranger vos bistouris car enfin, les maux durcis, je les ai dits. J'ai retrouvé mes pas et maintenant je me souviens que c'est moi qui ai choisi mon chemin. En moi, ma mère a toujours eu confiance. Elle savait qu'elle m'avait partagé ce feu qui saurait m'éclairer tout au long de mon existence.

Certes, sa lueur avait baissé
Mais pour un feu plus condensé
Toujours vivant, aussi ardent
L'allumeuse de réverbères des enfants
En chacun, savait voir cette étincelle
Cette lumière du potentiel
Ce grand feu, qui aujourd'hui m'étreint
C'est ma mère qui me l'a confié
Pour que je puisse le partager
Et surtout dire qu'il ne faut pas en avoir peur
Que c'est lorsqu'il s'éteint
Qu'il brûle le cœur !

photographie : Zabelphoto

« Continue dans cette voie et tu seras heureuse, car rares sont ceux qui peuvent combiner amour et aventure. »

Toutou, une grand-mère exceptionnelle

NICOLE GRAVEL

Il y a des trajets qui mènent dans des lieux à nul autre pareil et il y a des rencontres qui vous marquent pour la vie. Mon premier grand voyage, encore aujourd'hui, s'impose à ma mémoire. Il vient me happer au beau milieu de mes certitudes. Je sais, à présent, l'immense importance des liens et je me demande, à certains moments, comment, sans son soutien, sans connaître Toutou, j'aurais vécu ?

Je me souviens de ce jour de février qui me voit quitter le Québec et sa neige. Quel froid ! Cela craque sous mes pas et le bleu du ciel me rappelle que demain, mon pays sera bien loin. Et pour ce lendemain qui va naître, c'est un appartement presque désert que je regagne ce soir-là : j'ai déjà tout vendu pour m'offrir cette aventure.

Seule, je plonge dans un sommeil réparateur ; Laïla, ma fille de trois ans, dort chez mes parents. Je ne veux pas qu'elle perçoive ce grand vide.

Pour cette dernière soirée, j'ai voulu dire au revoir à un ami. Par une silencieuse tentative d'extraire du temps, fuyant quelques parcelles de sentiments, et de lire dans son regard un plein assentiment, j'ai puisé ce doux carburant : avoir l'assurance d'être à la fois sa belle première et son inspiratrice. Me disant : « *Continue dans cette voie et tu seras heureuse, car rares sont ceux qui peuvent combiner amour et aventure.* »

Je n'ai plus de *chez-moi*, mais je souris à cette invitation de la vie.

Et puis, le décollage. Et c'est la course folle de mes escales à Québec, Montréal et New York où je dis au revoir à mon frère, puis une nuit à Dakar... et à Nouakchott. Où suis-je, exactement ? Pas le temps de connaître la réponse : un autre vol m'attend pour la destination finale, Nouadhibou.

À travers le hublot aux petites heures, je vois par où le soleil rejoint les restes de la nuit, cet immense carré de sable. Alors se profile un aéroport, surgi de nulle part entre les dunes cernées par l'océan.

Mes premiers pas sur cette terre d'accueil, comme un murmure en cortège, le vent se lève et soulève du même souffle sa robe blanche. Déjà d'attaque, le goût du désert veut s'immiscer dans ma bouche. Il fait un soleil de plomb. Ma vue s'embrouille et mes pensées vacillent. Réalité ou hallucination ? Je cherche vainement à m'accrocher à une réalité qui défile devant moi comme un rêve éveillé. Pourtant, je savoure et j'aime cette sensation d'univers intemporel où tout semble irréel ! La présence de ma fille, si petite et si grande, me rassure, cet Amour qui retrouve son père.

Je suis installée dans un monde d'eau et de sable ; ma demeure est au bout de la plage, bordée par l'unique route reliant, le long du littoral, la pointe de la presqu'île et son hôtel à l'aéroport où s'achève un semblant de centre-ville.

On croirait habiter un aquarium : l'endroit était si isolé qu'il donnait des envies folles de voyager. Or, voyager était une entreprise pour le moins hasardeuse : le train, avec ses déraillements hebdomadaires, s'enfonçait davantage dans les dunes. Quant à l'avion, il fallait réserver des mois à l'avance. Restait, pour les aventuriers chevronnés, la traversée à dos de dromadaire... Encore fallait-il savoir s'orienter ?

Toutou, un ange dans ma vie... À maintes reprises, sa force et son courage m'ont été contés. Et à chaque fois, j'écoutais son récit avec la même émotion. Elle m'inspirait un immense respect et un désir profond de lui ressembler. Elle subsistait dans un milieu aride, sans eau potable, sans électricité. Elle avait tenu bon et soutenu son fils jusqu'à ce qu'il arrache enfin une bourse d'études de l'Agence canadienne de développement international. Septième au classement académique de son pays : quelle fierté pour une mère ! Durant les années de lycée de son fils, Toutou avait perdu six de ses enfants en bas âge, morts de ce dont on ne meurt plus chez nous. Il lui a fallu, avec l'aide de son aîné, accepter de les voir partir, de les enterrer. Si loin de son mari, seule avec ses enfants dans cette ville où elle avait choisi de suivre son fils pour ses études, elle assumait l'ensemble des responsabilités. Déterminée, elle conservait une immense foi en la vie et l'on disait de son rire contagieux qu'il s'élevait comme une musique inspirante pour l'âme. Toute son existence, elle l'avait passée à sillonner le désert pour offrir aux plus démunis les trésors de sa générosité.

Un jour, sans crier gare, la réalité devient plus extraordinaire que les récits. Voilà qu'on frappe à ma porte : devinez qui vient en visite...

Elle avait fait le voyage, assise sur un tas de minerais, dans un train à ciel ouvert, traversant le désert pour venir passer quelques jours à Nouadhibou.

Dès notre premier contact, j'ai ressenti, dans son sourire, tout l'amour de cette femme voilée de rose et au visage maculé de charbon. Une semaine à rire, à l'entendre prier... Elle acceptait tout et moi, je devenais sa fille du désert. Ma fille Laïla découvrait avec admiration sa grand-mère africaine qui appliquait un peu de baume sur sa blessure infligée par la séparation d'avec sa grand-mère maternelle adorée. Mon véritable passeport africain, c'est Toutou qui me l'a donné.

> « *Toute son existence, elle l'avait passée à sillonner le désert pour offrir aux plus démunis les trésors de sa générosité.* »

Certains jours, elle priait sans relâche, comme en transe. À ces moments-là, rien d'autre n'existait pour elle. Installée dans la chambre de notre fille, au milieu d'un décor peu banal qui donnait à la pièce des allures de tente bédouine, elle avait l'art d'adopter les lieux tout en laissant la place aux autres occupants. Je percevais son bonheur, celui d'être parmi nous. Avec elle, je me sentais acceptée, accompagnée.

Toutou était considérée comme une guérisseuse. Dès son arrivée, elle m'avait offert un grigri de protection ainsi que des incantations et des prières pour faire fuir le mauvais œil. Je me rappelle nos soirées de danse sur une musique traditionnelle africaine entrecoupée d'airs occidentaux qui la surprenaient ; elle s'ajustait pourtant au rythme quand je passais de l'élève au professeur de danse en moins de temps qu'il n'en fallait pour le dire. J'aimais ainsi la provoquer et elle se laissait séduire par ces nouveaux accords quelque peu endiablés. Nous ne communiquions que par gestes, même si elle s'efforçait de nous enseigner un peu de dialecte pour nous permettre de nous débrouiller.

Parfois, faute de conversation en l'absence de notre traducteur, nous prenions plaisir à nous offrir des massages et des traitements mauritaniens. Soigneusement, elle nous préparait potions et pommades à base de plantes. Elle badigeonnait de henné mes mains et mes pieds après les avoir recouverts de bandelettes ajourées qui, une fois ôtées, laissaient apparaître les motifs ainsi créés. Cela me demandait de rester quasiment immobile : difficile pour moi. Quand venait son tour, elle prêtait avec bonheur son visage aux produits que j'y appliquais. J'aimais prendre ainsi soin d'elle et Laïla s'amusait à faire de même. Sur son beau visage au sourire lumineux, le masque d'une épaisse couche teintée contrastait de manière surprenante avec sa peau sombre.

Les autres immigrantes aspiraient à cette belle intimité que nous avions su créer en si peu de temps.

Toutou serait volontiers restée en permanence avec nous, mais elle a saisi sans peine notre besoin d'intimité, sans que cela fût dit. Alors, écoutant sa soif de liberté, elle nous a quittés avec, toutefois, la promesse d'une prochaine rencontre dans une oasis du désert.

Vingt-cinq ans plus tard, en écrivant ces lignes, je redécouvre la puissante révélation de cette rencontre : celle où vous portent la générosité, l'absence de préjugés et la pureté des sentiments. Les commentaires que ma démarche a inspirés dans mon entourage me le confirment : c'est en avançant que l'on trace le chemin et qu'ainsi, les barrières tombent.

Passons-nous le mot !

photographie : Zabelphoto

« Je crois que dans
cette situation, même
notre meilleure amie
ne peut mieux nous
aider que notre mère. »

Un beau rosier

CAROLINE COUTURE

Le 25 octobre 2006 fut «la» plus belle journée de ma vie. Malheureusement, ce bonheur se transforma assez rapidement en cauchemar. Je constate assez souvent d'ailleurs qu'il en est ainsi pour plusieurs mamans, et ce n'est pas que nous sommes des monstres, nous avons seulement besoin d'aide!

Alors, ce 25 octobre 2006, je donnais vie à un beau petit garçon en superbe santé. Sans perdre un instant, papa le sortit, lui coupa son cordon et le déposa tout de suite à mon sein pour sa première tétée. Mais force fut de constater, vingt-quatre heures après sa naissance, que je n'avais pas de lait et que bébé tétait de l'air (vu une réduction mammaire). Malgré ça, avec à peine six heures de repos en trente-six heures, je rentrai à la maison et je redevins la femme que j'étais avant. Non, non! J'étais devenue une «super women»!

Avec un excédent de poids de sept livres, il était urgent que je le perde. Un chien à la maison! Oups! Risque d'allergie, vitement la balayeuse! Ça me prend le meilleur lait pour mon garçon, être la meilleure maman, l'amante, la femme, me faire belle, faire le ménage, la bouffe... Ouf!

Une petite visite du personnel du CLSC[1] me rappela l'importance de l'allaitement et, surtout, de ses bienfaits pour le bon développement de mon bébé. L'infirmière insista aussi sur le fait qu'avec des massages et de l'acharnement, je pourrais être une mère normale et allaiter mon enfant. Mais telle n'étant pas mon inclination, je me suis dit que la vie était ainsi faite pour nous : pas d'allaitement. Mauvaise décision! Je venais de faire un deuil, celui de ne pouvoir ressentir cette sensation indescriptible d'un bébé tétant mon sein, en y ajoutant, par surcroît, le sentiment de ne pas être une bonne mère. Dur coup, je vous l'assure.

Vint ensuite un autre problème : mon bébé régurgitait continuellement. Sans possibilité de consulter un médecin avant six semaines, les CLSC ne pouvant m'aider vu que n'allaitant pas mon enfant, nous ne répondions pas aux critères d'intervention, je me retrouvai, malgré moi, devant qu'une seule option : prendre mon mal en patience! Papa était de retour au travail; mes amies étaient aux prises elles aussi avec un rythme de vie complètement fou, et moi, j'avais un bébé qui régurgitait continuellement et qui, en plus, ne dormait pas beaucoup. Je m'épuisais à vue d'œil, jour après jour.

On me conseilla finalement plusieurs sortes de lait à essayer très coûteux et pas toujours disponibles. Rien ne fonctionna. Traitement de chiropractie, ostéopathie, acupuncture, de St-Eustache à Granby; rien à faire. Je me rendis même à l'urgence d'un hôpital, où l'on n'a pas su mieux me renseigner. Je devais changer ses vêtements quatre à cinq fois par jour en plus d'avoir à laver les murs et les

[1] Centre local de santé communautaire, agence du gouvernement québécois.

« *Donc, voilà, j'ai lâché prise, je me suis abandonnée et j'ai fait confiance à la vie.* »

planchers. Les gens n'osaient même plus prendre mon enfant de peur qu'il ne régurgite sur eux. Et pourtant, il était tellement beau, et tellement attachant. C'était le mien, ma réussite. Suite à plusieurs échecs dans ma vie, il incarnait ma première vraie fierté !

Malgré ces faits, personne ne me prenait au sérieux et personne ne voyait mon désespoir, ma fatigue, ma détresse. J'étais tellement dépassée par les évènements que mon jugement en fut affecté. Le papa travaillait, mes parents étaient en Floride pour six mois. Ô combien je me suis sentie seule au monde, grosse, laide, mauvaise mère, bref, j'étais un échec total de la société. Pendant que mon bébé grandissait et s'épanouissait, moi, je m'enfonçais. J'étais complètement épuisée tant moralement que physiquement. J'étais entièrement en mode de survie. Je passais la majeure partie de mes journées assise à côté de mon garçon avec mon rouleau d'essuie-tout et j'attendais que la crise passe. Trop fatiguée pour dormir, je sentais mon corps et mon âme disparaître, je me sentais mourir à petit feu. Personne ne voyait, ne sentait ma détresse, ou peut-être ne savait-il tout simplement pas quoi en faire. J'étais seule et laissée à moi-même.

Six mois après l'accouchement, de cette fatigue, je glissai un mot à mon médecin de famille qui diagnostiqua tout de suite une dépression. Il me suggéra alors deux scénarios. J'avais le choix entre consulter un psychologue ou prendre des médicaments. Je décidai donc de consulter, mais cette démarche s'avérant trop coûteuse, je dus arrêter après quelques sessions... J'étais sur le bord de l'abîme.

Un an plus tard, je suis retournée consulter mon médecin et là, je n'avais plus le choix, c'était la médication assurée. Je n'étais plus capable de subvenir aux besoins de mon garçon et c'était même devenu dangereux pour notre vie. Vu la situation et la gravité de ma dépression, je pris seule la décision de marcher sur mon orgueil et de demander à ma mère de revenir au Québec pour, au moins, s'occuper de mon enfant. Et c'est à partir de là que mon combat pour ma survie commença.

Vu notre bonne relation, la réaction de ma mère fut presque instantanée et elle prit donc le premier vol disponible. Ayant perdu toutes mes amies, elle était la seule sur qui je pouvais compter. Je lui ai lancé un S.O.S. et elle m'a répondu. Je crois que dans une telle situation, même notre meilleure amie ne peut mieux nous aider que notre mère. Il nous faut une personne de confiance, à qui l'on peut confier notre vie les yeux fermés. Pour ma part, ma dépression avait pris le contrôle total de mon cerveau, de mon intuition... Ma mère, telle une grande amie, a su répondre exactement à mes besoins, et même plus. On ne peut demander à une amie, d'être présente 7 jours sur 7 et 24 heures sur 24 ; mais, à elle, oui ! Par chance ! Et le tout fait dans le plus grand respect, sans poser de questions, en s'intéressant à la situation, et surtout, en prenant les choses très au sérieux.

Avec le recul, je crois que le plus beau cadeau que je pourrais faire à une amie en dépression serait de percevoir le désespoir sur son visage et de ne pas porter de jugements. De l'écouter avec mon cœur et non avec ma tête. D'en parler à ses proches. De la prendre au sérieux. De prendre le temps de m'asseoir avec elle et de lui faire sentir qu'elle est importante pour moi. Mais surtout, de lui faire savoir que tous les jugements de la société ne sont que le reflet d'un miroir terne, jugements qui vont trop vite et qui nous rendent complètement fous. Je sais aussi que, dans cette situation, une personne dépressive est susceptible de nous rejeter ou de nous fuir, mais je crois qu'il faut vraiment persévérer à l'écouter et aller chercher l'aide qu'elle ne peut demander elle-même. Et pour terminer, l'accompagner au long de son cheminement en la félicitant. L'orgueil d'une femme peut être la cause de bien des soucis, mais quand elle décide de marcher dessus, en allant chercher de l'aide et en sentant que quelqu'un est là pour l'appuyer et la supporter sans la juger, tout ne peut qu'aller mieux !

J'ai donc pu, de la sorte, de concert avec l'aide de ma mère et celle de mon conjoint, surmonter cette maladie pas à pas. J'ai touché le fond du baril et je crois que c'est en allant si bas que j'ai pu me relever non pas plus vite, mais plus forte et bien enracinée. Une phrase qu'on m'a dite un jour m'est restée : *« C'est dans la merde que poussent les plus beaux rosiers »*. Donc, voilà, j'ai lâché prise, je me suis abandonnée et j'ai fait confiance à la vie.

Aujourd'hui, en 2010, je suis en bonne santé physique et psychologique. Je suis devenue travailleuse autonome et j'ajoute tranquillement des branches à mon rosier sur lesquelles les roses s'accumulent. Mon garçon est l'un des plus heureux du monde, il a sa maman ! Je n'ai pas eu encore la chance de rencontrer de nouvelles amies à qui me confier, mais je garde bon espoir qu'un jour, la nouvelle et vraie Caroline en croisera sur sa route. Je donnerai vie à un nouveau petit trésor en novembre prochain. C'est à croire que la lumière existe véritablement au bout du tunnel... même si c'est très long. Qui que vous soyez, sachez que les nuages sombres peuvent se dissiper et laisser place à un magnifique soleil. La vie est là pour être pleinement vécue. Goûtez-y, elle est vraiment délicieuse.

Merci à toi, maman. Je l'apprécie grandement...

Tendrement et affectueusement.

« Elle m'a permis de rêver, d'oser et de persévérer afin d'obtenir ce que je voulais. »

Mon Ange Oliva !

DIANE DIOTTE

Plusieurs fabuleuses femmes faisant partie de ce précieux livre ont vécu des épreuves difficiles. Tour à tour, elles ont été inspirées et ont couché leurs révélations, leurs peurs et leurs désirs sur ces mêmes pages blanches qui ont été miennes pour débuter mon récit.

Je considère avoir été choyée dans la vie. Fille d'un père travaillant et fonctionnaire, d'une maman à la maison, avec comme complices une sœur et un frère taquins, j'ai marché mes pas tout en entretenant des rêves auxquels je n'osais croire entièrement. Toutefois, un jour, un ange a croisé mon chemin.

Ainsi, toute petite, et ce jusqu'à l'âge adulte, « Mémère Oliva » a été mon inspiration. Ma chère grand-mère était l'une des pionnières de ce que l'on appelle aujourd'hui une « Super Woman » ! Elle était le genre de femme qui, aujourd'hui, aurait d'ailleurs pu donner des formations et des conférences tout en étant en plus une excellente « coach de vie » ! Elle parvenait à gérer une maison, une ferme et un époux malade ne servant guère plus qu'à la divertir et lui faire des enfants ! De cette union naquit ainsi ma mère et ses onze sœurs ! Et oui, douze filles sur une ferme ! En fait, elle réussit à élever ses onze filles – l'une d'entre elles étant décédée à l'âge de trois ans –, elle eut également à s'occuper de trois de ses filles sourdes et muettes.

Nous qui avons l'éducation, l'opulence, avons-nous perdu nos outils essentiels pour survivre à nos malheurs ? Mon ange Oliva n'avait aucune de ces ressources, sauf sa foi en la vie ! Ne devrions-nous pas avoir plus de gratitude pour ce que nous avons ? Ma grand-mère avait, selon elle, l'essentiel ! Elle avait un époux, des enfants, une bonne santé et même si elle n'était pas riche, elle avait tout de même sa fierté !

Quelques décennies plus tard, alors que je visitais mémère à la résidence pour personnes âgées, ses yeux me sondaient et elle me motivait dès que j'évoquais mes futurs enfants, m'instruisant et peaufinant mon éducation par ses judicieux conseils. C'est donc par ses expériences de vie que j'ai découvert que ma mémère Oliva était une femme remplie de positivisme, de leadership et de bonté. Jamais ma tendre grand-maman ne fut médisante envers qui que ce soit. Lors des rares moments d'irritation que vivait ma grand-mère envers un individu, elle utilisait toujours la même citation : « Je ne lui souhaite aucun mal mais, si ça y arrive, je vais bien rire ! » Elle a ainsi partagé un bouquet de belles valeurs à ses filles qui, à leur tour, les dispersèrent à leurs petites fleurs dont je fais partie.

De ses multiples récits, l'un d'eux en particulier m'impressionna et surtout m'éclaira ! Enfin, j'entrevoyais une véritable ressemblance avec elle. Ma grand-mère était certes têtue mais elle était aussi très persévérante ! Après avoir vendu sa ferme, elle acheta une grosse maison de chambre à Ville Saint-Laurent et loua certaines de ses chambres vacantes à des chambreurs du quartier Bois-Franc, plus spécifiquement. La maison était vieille mais le terrain en valait la peine...

« Mon ange Oliva n'avait aucune de ces ressources sauf sa foi en la vie ! »

Pourtant, elle m'avoua, non sans fierté, avoir revendu la bicoque et son terrain, quelques années plus tard, à un certain Henri Bourassa ! Pour une femme qui savait à peine signer son nom, eh bien, chapeau ! Ma mamie avait la fibre entrepreneuriale ! Je sais maintenant de qui je tenais ce côté frondeur ! Elle m'a permis de rêver, d'oser et de persévérer afin d'obtenir ce que je voulais. Au début de ma vingtaine, mon ange Oliva, entourée de quelques membres de sa famille et de moi-même debout au pied de son lit, décida de prendre son envol pour se reposer éternellement et nous protéger d'en haut. C'est avec un immense respect et beaucoup d'amour que je réussis tant bien que mal à lui toucher la main en lui disant, un sanglot m'étranglant la voix : « Je t'aime, mémère… » Bon Dieu que ces paroles furent difficiles à prononcer…

Plusieurs années ont passé et mon rêve demeurait toutefois enfoui dans mes entrailles. Je me dévouais pour des petites, moyennes ou grosses entreprises. Je perdurais à donner le meilleur de moi-même à ces compagnies en croyant me réaliser de la sorte. Pourquoi devrais-je risquer mes économies, mon statut, ma petite vie bien rangée et confortable ? Toutefois, je passais à côté d'une révélation évidente. Chaque poste que j'occupais ne rejoignait jamais complètement toutes mes forces ou mes principaux talents. J'avais l'impression que les employeurs aimaient bien mieux rentabiliser mes ressources pour leurs profits personnels. Ma passion était éteinte et j'espérais un changement, un meilleur avenir, bref un « je ne sais quoi » radical qui pourrait me rendre à nouveau enjouée et allumée !

Bien sûr, j'ai lu des livres de la catégorie « business success stories ». Je peux vous affirmer que les mots le plus souvent cités sont : leadership, entrepreneur, chance, synchronisme, passion, persévérance, efforts, créativité. Wow, les ingrédients de la recette à succès ! Mais le mot le plus important parmi eux est selon moi : ACTION ! Car personne ne viendra vous chercher dans votre salon pour vous offrir votre rêve sur un plateau d'argent ! Vous devez agir, entrer dans l'action et persévérer. Chaque petit geste devient un barreau de plus permettant de gravir l'échelle de la réussite.

Alors que j'occupais un emploi, que j'appelais ma prison dorée étant donné le bon salaire et les avantages sociaux que j'en retirais, je me décidai enfin à traverser le pont de l'incertitude et à entrer dans le tunnel des insécurités. Mes désirs d'entreprenariat étaient devenus plus forts que la routine. J'avais donc un rêve à accomplir, un ange Oliva qui me protégeait et tout cela me poussait à me dépasser ! Ma mémère aurait cru en mon projet car sa base était fondée sur du positif, du travail acharné et sur la réalisation de mes passions… Elle l'aurait entériné sans broncher ! De plus, j'avais quelques ingrédients de ma propre recette du succès. Donc, je pris une formation spécialisée de soir, démissionnai et démarrai mon entreprise dans le domaine de la décoration.

J'ai rêvé longtemps avant d'enfin passer à l'action ! Je remercie mon ange Oliva de me faire apprécier ma santé, mes forces, ma belle petite famille ainsi que pour son inspiration qui m'a amenée à vivre de ma création et ma passion…

49

« À l'intérieur de mon cœur d'enfant blessé, je ressentais une impression de désillusion en constatant que tout peut disparaître en une seule nuit. »

Mon podium féminin

CÉLINE LEFORT

Avec le recul, la maturité et la sagesse, je réalise aujourd'hui l'importance qu'ont eue les femmes dans mon cheminement personnel. Par leurs comportements, elles ont contribué à mon évolution, à mon succès, à ma propulsion. Elles m'ont légué le meilleur d'elles-mêmes, ce qui m'a projetée marche par marche vers mon podium féminin.

Ces femmes m'ont soutenue de façons différentes mais ô combien efficaces. Et l'une d'elles, c'est ma mère, Marie-Reine, un exemple de courage. C'est sa grande détermination qui m'a permis de poursuivre mon chemin dans des moments de découragement et d'utiliser toute mon énergie pour vivre un jour à la fois. Et ce, en me référant au «comment elle s'en est sortie dans sa vie».

C'est durant la journée du 8 mars de l'hiver 1962 qu'un événement majeur est venu chambouler ma vie. Le feu s'est déclaré dans la salle à dîner de la maison familiale. Les pompiers appelés sur les lieux ont effectué les procédures normales pour combattre l'incendie, mais en insistant sur le fait de ne laisser personne dormir dans la maison pour des raisons de sécurité, dont l'air ambiant qui était encore affecté par la fumée. Heureusement!... car durant la nuit, le feu a dévasté toute la maison et son contenu. Les huit membres de ma famille qui s'étaient réfugiés chez notre chère tante Laurette ont pu ainsi avoir la vie sauve.

Au matin, il ne restait qu'un immense trou noir, calciné, une odeur insoutenable de tissu brûlé et une fine fumée qui persistait dans l'air. Encore aujourd'hui, le simple fait de sentir l'odeur d'un feu de foyer me ramène des images de ce drame. En me promenant autour des débris de ce qui avait été mon logis pour les sept premières années de ma vie, mon seul réflexe fut de ramasser ma poupée et d'embrasser machinalement sa chevelure, comme je le faisais habituellement. Puis, je l'ai brusquement repoussée à cause de l'odeur de ses cheveux brûlés. Je réalisais tout à coup que je ne verrais plus jamais mon chez-moi, ma chambre. Je perdais mes racines. À l'intérieur de mon cœur d'enfant blessé, je ressentais une impression de désillusion en constatant que tout peut disparaî-tre en une seule nuit. À cet instant précis, j'ai perdu mon pouvoir de rêver et ma belle insouciance face à la vie. Je me suis sentie impuissante et je ne pouvais rien changer à cette réalité.

Pour ma mère, sa famille était saine et sauve, même s'il ne lui restait rien d'autre. Le principal était sauvegardé. Dépourvue de support émotionnel et financier, elle eut la volonté de se reprendre en main et de rebâtir pour les siens. Ma mère réussit à trouver la détermination nécessaire pour continuer son chemin de vie. Elle prit son courage à deux mains pour avancer vers son objectif : s'engager avec toute sa grandeur d'âme à faire l'impossible pour sortir sa famille de la pauvreté. Rien ni personne n'allait l'arrêter.

Elle cumula un travail de jour, comme cuisinière dans un centre de personnes âgées, et un autre de soir, à l'entretien ménager dans

« Elles m'ont légué le meilleur d'elles-mêmes, ce qui m'a projetée marche par marche vers mon podium féminin. »

des édifices à bureaux. Et même un la nuit, comme commis au bureau de poste. Je ne pouvais avoir un plus bel exemple de courage, de persévérance et d'apprentissage sur l'art de faire confiance à la vie. Cette femme extraordinaire qui s'est hardiment relevé les manches répétait fréquemment :

« Au travail » ! Elle était déterminée à réussir coûte que coûte... et elle y est parvenue.

De mon côté, j'ai aussi dû cumuler trois emplois le temps de démarrer mon entreprise. L'après-midi et la soirée dans un centre d'entraînement pour femmes, le matin et à l'heure du dîner au service de garde et à la cafétéria d'une école primaire. Puis les soirées libres et lors des journées pédagogiques, je m'occupais de mes clients à travers conférences, dîners de femmes d'affaires et développement de matériel de publicité pour me faire connaître comme massothérapeute. Je dois avouer que mes temps de loisirs étaient rares. Mais je m'encourageais en me rappelant à quel point ma mère avait su, avec bravoure et courage, traverser ses expériences difficiles dans des conditions parfois intolérables. Je me remémorais constamment de quelle façon ma mère s'était relevée péniblement mais sûrement de la perte totale de la maison familiale.

À cette époque lointaine, je n'avais pas vraiment conscience de tous les efforts qu'elle fournissait pour maintenir le cap vers son but. Son énergie vitale et sa foi en la vie me semblaient aussi grandioses et inébranlables que le Grand Canyon. Avec le recul, je prends conscience du modèle qu'elle fut ayant appris d'elle à me concentrer sur ce que je peux et non pas sur ce que je veux faire avec ce que la vie m'apporte. J'ai aussi compris par son exemple que je n'ai pas besoin d'avoir l'approbation des autres sur mes opinions et mes valeurs pour avoir le courage d'être moi.

Ma mère est l'exemple d'une femme forte, et ce, dans tous les sens du mot. Elle est tout simplement mon héroïne. Aujourd'hui, à l'âge vénérable de 86 ans, elle continue à vivre avec toute sa passion. Elle a réalisé son rêve d'être autonome financièrement et d'aider ses enfants. J'essaie de mettre en pratique chaque jour dans ma profession, ce cadeau de courage et de persévérance qu'elle m'a transmis. Ces deux qualités indispensables m'ont permis de créer ma propre entreprise pour devenir autonome et subvenir à mes besoins. Tout comme ma mère, j'accueille sans juger et avec beaucoup de reconnaissance ce que la vie a à m'apprendre. Je suis fière d'avoir su utiliser aussi concrètement cet héritage maternel et j'entends le conserver en le mettant en pratique jusqu'à mon dernier souffle.

Enfin, je tiens à dire un grand merci à cette grande dame, ainsi qu'à toute cette belle énergie féminine constamment en évolution. Elle m'a permis d'utiliser ma force pour apprendre à trouver le positif dans les événements décevants de ma vie ainsi que traverser courageusement les expériences traumatisantes de mon adolescence.

Au quotidien, cette compréhension renforce mon goût de vivre pleinement et passionnément.

photographie : Zabelphoto

« Grâce à cette force en moi qui me vient de toi, j'aurai donc toute la liberté de donner à mon tour tout l'amour que mérite cet enfant. »

Don de soi

ANICK LEMAY

Par un beau vendredi ensoleillé du mois de novembre, il y a de cela maintenant 35 ans, tu m'as donné la vie et en même temps, un grand bout de la tienne. À partir de cet instant, j'ai compris que ce serait pour moi un privilège de pouvoir t'appeler Maman alors que les membres de ton entourage te prénommaient simplement, Ginette.

Lorsque j'ai vu le jour, ce fut pour moi le début d'un voyage rempli d'aventures tantôt agréables et intenses, tantôt plus difficiles et empreintes de souffrances. Or, toujours, tu as marché simplement à mes côtés, ta main réconfortante dans la mienne. Tu as été, Maman, mon premier amour. Sans relâche, tu m'as accompagnée dans chaque instant de ma vie, et ce, malgré n'importe quelle circonstance. Tu m'as encouragée. Tu as cru en moi. Tu m'as toujours respectée dans mes choix même si tu savais qu'ils n'étaient pas toujours les meilleurs. Et, le plus important de tout, tu m'as aimée inconditionnellement.

Il fut pourtant un temps où j'avais l'impression d'être incapable d'accueillir cet amour même si, au plus profond de moi, je reconnaissais inconsciemment sa présence. C'est d'ailleurs grâce à ton don de toi qui, plus d'une fois, a transcendé les frontières du devoir maternel, que j'ai pu garder mon équilibre, si souvent fragilisé par les épreuves.

Pour moi, tu es la représentation parfaite des êtres qui acceptent de donner une grande partie de leur vie afin d'assurer le bonheur des gens autour d'eux. Toi, tu le fais en plus d'une façon admirable. Quand je te regarde agir ainsi avec tous les êtres qui font partie de ta vie, je ne peux résister à l'envie de te citer en exemple car pour toi, tous les êtres vivants ont le droit d'exister et d'être respectés.

Je sais que ta propre vie a, tout comme la mienne, été parsemée d'obstacles, de déceptions et de déchirements. Mais, à travers les épreuves, tu es restée forte. Tu as fait preuve de détermination et de persévérance, et ce, même durant les moments difficiles où tu aurais peut-être eu, toi aussi, envie de tout abandonner. C'est cette force qui t'habite qui m'a insufflé le courage de passer à travers mes périodes de dépression et de troubles anxieux survenus au début de ma trentaine et qui ont eu dans ma vie l'effet d'un véritable tsunami.

Ce furent des années de grands questionnements intérieurs pendant lesquelles tu m'as permis de poser des questions à propos de tout ce qui bousculait encore mon cœur d'enfant souvent sous l'impression de ne pas avoir été suffisamment aimé par sa maman. Tu as accepté gentiment d'entendre ce que j'avais à te dire. Tu as écouté et répondu, en toute honnêteté, à mes interrogations sans jamais tenter de te défiler. Tu as accordé à chacune de mes questions le mérite intrinsèque d'être posée, en ajoutant, avec une grande humilité, que si le passé était à refaire, tu referais peut-être les choses autrement. Voilà qui ajoute encore plus à ta remarquable empathie ! Ne m'avais-tu pas déjà donné, Maman, 150 % de ce dont tu étais capable, et ce, en dépit du propre mal de vivre qui t'habitait à cette époque de ta vie ?

Parmi toutes mes requêtes existentielles, je souhaitais entre autres comprendre les raisons qui t'avaient empêchée de me serrer dans tes bras, alors qu'enfant, tu me savais pourtant si insécure. Je voulais aussi comprendre pourquoi tu ne m'avais pas exprimé verbalement ta fierté au lieu de me retourner simplement la question en me disant : « *Toi, est-ce que tu es contente de ce que tu as fait ? Si oui, eh bien, c'est ça qui est important.* » Certes, comme adulte, je trouve aujourd'hui ces paroles très sages. Par contre, comme enfant, j'aurais sans doute préféré voir dans tes yeux cette fierté, cette étincelle qui m'aurait témoigné : « Tu es extraordinaire, tu es la meilleure ! »

En dépit de tout ce branle-bas de combat intérieur, un soir, durant l'année la plus anxieuse de ma vie, je suis arrivée tard chez toi sous l'emprise de la panique. Tu m'as alors généreusement accueillie sous ton toit. Durant cette époque de profonde insécurité, je ne pouvais même pas envisager que tu puisses être isolée longtemps de moi sans que mon niveau d'anxiété ne monte en flèche ! J'avais l'impression d'être redevenue cette enfant qui tentait de te dire : « Quand j'étais jeune, tu ne t'es pas occupée de moi comme je le voulais ; alors maintenant, tu vas le faire ! » Et tu l'as fait.

Évidemment, ces pensées ne reflétaient pas la réalité. C'était plutôt une réflexion intérieure de ce qui m'entourait, teintée par la sombre couleur de celles-ci. Lorsque l'on souffre de troubles de santé mentale, il nous arrive de distortionner la réalité en se racontant des histoires un peu tordues. Nous perdons alors nos repères. Et il arrive même parfois de voir du danger partout.

Ainsi, un matin, alors que je n'allais pas bien du tout, je t'ai demandé de m'amener à l'hôpital parce que je me croyais « folle ». J'avais des pensées morbides. Je voyais des images de couteaux et de violence apparaître dans ma tête. Je craignais soudainement de mettre en danger ma vie, la tienne et celles de mon entourage. Dans cette tourmente, tu m'as une fois de plus accompagnée. Tu es restée avec moi pendant plusieurs heures jusqu'à ce que le médecin accepte finalement de me garder pour la nuit afin de me faire voir un psychiatre dès le lendemain matin.

Selon le psychiatre, ce que je vivais était en fait l'expression d'un mal-être dont la guérison était possible par l'acceptation complète de ma personne, c'est-à-dire m'accepter autant avec mes forces qu'avec mes paradoxes et mes coins d'ombres. Quel soulagement ! J'avais la confirmation que je n'étais pas folle ! J'ai donc suivi une thérapie cognitive-comportementale avec un psychologue. Ce fut pour moi le début de l'acceptation de toutes les facettes de mon identité et, donc, une étape très importante vers mon mieux-être.

« *J'aime bien mieux être là pour voir ce qui se passe que de seulement m'imaginer comment ça pourrait se passer.* »

Pendant toute cette période, tes frères, tes sœurs, tes amies, te demandaient comment tu allais. La plupart d'entre eux savaient que je passais une période difficile et voulaient sans doute s'informer des répercussions de mon état sur ta vie. Toi, tu t'étonnais toujours devant cette question parce que pour toi, j'étais la personne souffrante, pas toi! Tu disais, «*J'aime bien mieux être là pour voir ce qui se passe que de seulement m'imaginer comment ça pourrait se passer.* » Tu disais aussi : «*Moi, tout ce que je peux faire, c'est d'être là, les bras grands ouverts pour t'accueillir quand tu en as envie, le reste c'est toi qui peut le gérer.* » Tous les soirs, pendant des mois, tu venais me border allant même jusqu'à m'acheter un ours en peluche pour que je ne sois pas toute seule la nuit !

Ces paroles et ces gestes étaient d'une grande sagesse et je tente de prendre exemple sur toi. L'hypersensible et la « Mère Térésa » que je suis travaille très fort pour en arriver au détachement nécessaire permettant de ressentir de la compassion et de l'empathie plutôt que de la sympathie.

Je réalise aujourd'hui le privilège d'avoir eu l'opportunité d'éclaircir mes espaces d'ombres en ta compagnie, et ce, en toute sécurité. Peu de gens ont cette chance dans leur vie, surtout à mon âge. Souvent, les gens profitent des derniers moments de la vie de ceux qui leur sont chers pour parler ouvertement de leurs souffrances avec eux. Moi, j'ai pu m'en libérer au début de ma vie et c'est un grand cadeau que tu m'as offert !

Au moment où les gens liront une partie de notre histoire, je vais à mon tour donner naissance à mon premier enfant. Cet enfant aura une maman qui a fait le ménage à l'intérieur d'elle-même et qui se sent désormais rassurée. Je suis maintenant convaincue d'avoir été aimée depuis le jour où tu as su que j'étais en toi, Maman! Et je sais aussi que je serai aimée pour toujours. Grâce à cette force en moi qui me vient de toi, j'aurai donc toute la liberté de donner à mon tour tout l'amour que mérite cet enfant.

photographie : Zabelphoto

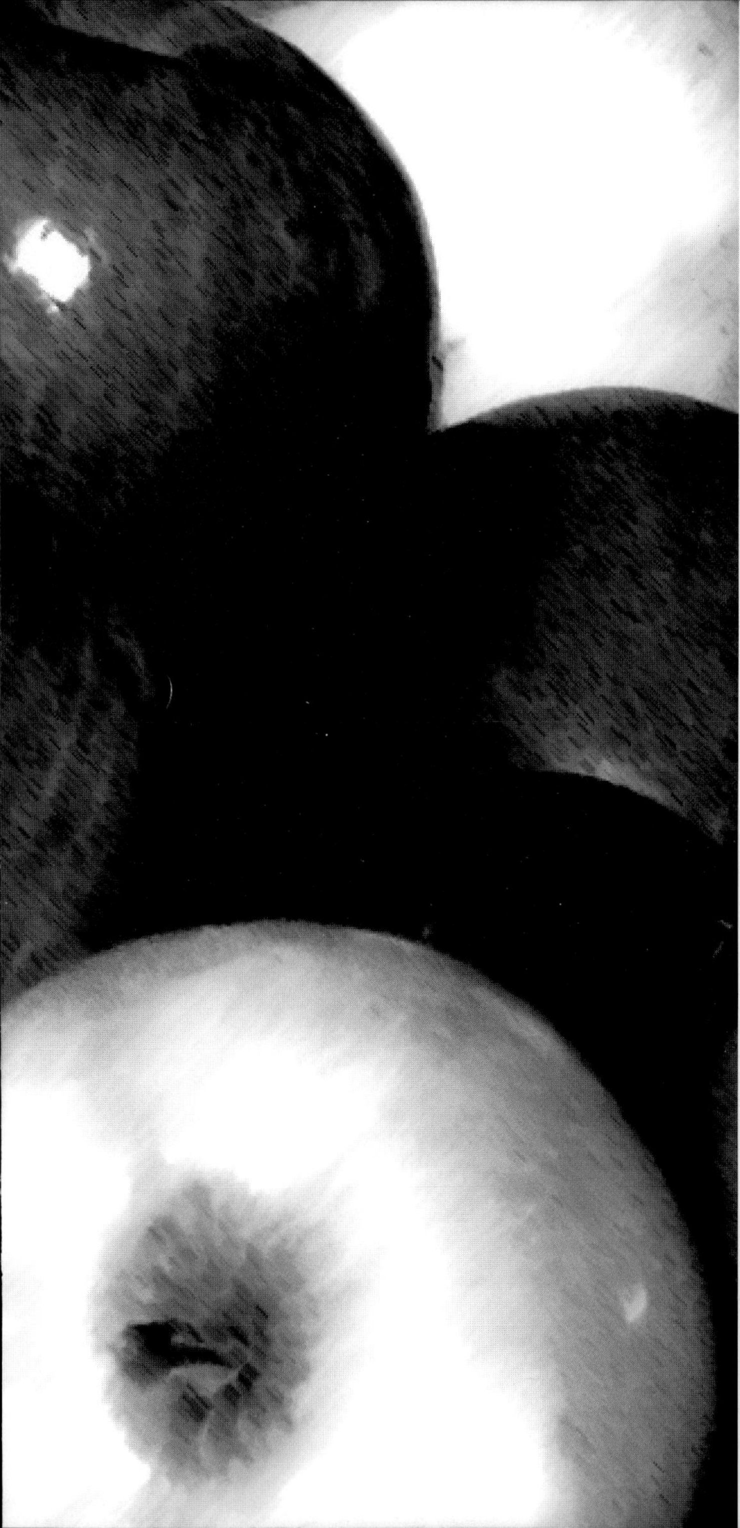

HOMMAGE À CELLES QUI ÉCLAIRENT LE CHEMIN

« *Nos mentors sont les pommes dont nous sommes le jus.* »

[Daniel Geoffroy]

photographie : Sylvie Poirier

« *Maintenant libérée des obligations quotidiennes de mon entreprise, j'ai beaucoup de bonheur à découvrir l'exceptionnelle solidarité des femmes d'action et je suis plusieurs fois bénie qu'elles acceptent de me partager leurs histoires.* »

Solidarité des femmes d'action

CORA TSOUFLIDOU

Ce qui est le plus difficile lorsqu'on débute en affaires, c'est justement la solitude inhérente au rôle ultime de patron. Tout enthousiaste, tout motivé et tout audacieux que nous puissions être, nous frappons des murs, rencontrons des embûches et sommes confrontés très souvent à des problèmes pratiquement impossibles à résoudre. Et le pire, c'est que nous nous imaginons être les seuls à qui ces horribles choses arrivent. La plupart du temps, nous n'en parlons à personne; nous gardons le silence parce que nous ne voulons pas décevoir nos proches, nos employés ou nos conjoints. Nous avons honte d'être vulnérables, inquiets ou d'avoir peur. Très souvent, nous avons si peu confiance en nous que nous nous attribuons tous les blâmes. Je le sais parce que je suis passée par là. J'ai mis sur pied mon entreprise à l'âge de 40 ans, encore immature face aux choses de la vie, ignorante du monde des affaires, démunie financièrement, forcée de gagner ma croûte et responsable de trois ados à nourrir. Je peux facilement avouer que durant les dix premières années, je me suis débattue comme un diable dans l'eau bénite, faisant cavalier seul et essayant de prouver aux autres et, surtout à moi-même, que je pouvais être digne de confiance. *Je ne savais pas que je ne savais pas,* que toutes ces expérimentations étaient parfaitement normales et que tous les entrepreneurs affrontaient, à des niveaux différents, les mêmes difficultés que moi. J'ignorais tout cela parce que je ne prenais jamais le temps de sortir de mon commerce pour me familiariser avec d'autres gens d'affaires, pour jaser avec d'autres patrons ou pour comparer mes points de vue face à tel ou tel sujet. J'ai souvent souffert d'avoir été toute seule dans ma tête, souffert de m'être continuellement remise en question sans pouvoir bénéficier du *feedback* d'un interlocuteur. Je dévorais pourtant, jusque tard dans la nuit, les histoires des grandes entreprises : parues dans les magazines spécialisés et les briques cartonnées des gourous américains. J'épluchais minutieusement chaque chapitre susceptible de contenir des situations que je vivais dans mon microcosme et j'essayais de comparer mes réactions ou d'adopter les conduites des meilleurs dirigeants. Je peux dire que j'ai fait mon éducation d'affaires dans les livres et que je me suis reconnue à quelques reprises dans la biographie des grands bâtisseurs. En étudiant leurs cheminements, j'ai pris conscience de ma propre richesse intérieure et j'ai finalement accepté que je puisse être à la bonne place dans le commerce. Les livres sont encore pour moi une ressource inestimable mais ils ne remplaceront jamais une bonne conversation à cœur ouvert avec une (ou un) collègue entrepreneur(e).

Aujourd'hui, après avoir gagné les multiples joutes vers la réussite, je crois sincèrement que la souffrance n'est pas nécessaire, que si j'avais eu une oreille, une femme de cœur, une amie avec laquelle j'aurais pu discuter, les choses auraient été plus enrichissantes. Voilà pourquoi je veux aider, écouter et convaincre les femmes qu'elles possèdent en elles toutes les principales qualités pour réussir en affaires. Je comprends particulièrement les femmes entrepreneures et je suis capable de ressentir ce qu'elles éprouvent, de poser les questions qui les aideront à mieux se définir. Je suis certaine que mon propre succès peut servir à encourager toutes celles qui ont à cœur d'exprimer le meilleur d'elles-mêmes. Maintenant libérée des obligations quotidiennes de mon entreprise, j'ai beaucoup de bonheur à découvrir l'exceptionnelle solidarité des femmes d'action et je suis plusieurs fois bénie qu'elles acceptent de me partager leurs histoires. Ce livre, que vous tenez entre vos doigts, est d'ailleurs un parfait exemple de coopération, d'entraide et de camaraderie dont sont capables une quarantaine de femmes engagées à faire une différence. Nous entrons dans un siècle nouveau où les femmes ont enfin la possibilité de faire valoir leurs multiples talents. Tout en chérissant mari et enfants, elles se donnent le droit de réussir, d'être ailleurs qu'au foyer et d'aimer autre chose. Je suis en admiration devant toutes ces femmes qui osent s'épanouir dans une carrière, qui décident de s'engager dans une cause, qui choisissent de faire ce qu'elles aiment et qui ont l'audace de réaliser leurs propres rêves.

Madame Eleanor Roosevelt a dit un jour :

La femme est comme un sachet de thé. On ne connaît jamais sa force avant de l'avoir plongée dans l'eau chaude.

Je souhaite donc à vous toutes, chères lectrices, de bien vous ébouillanter ce soir et de reconnaître, en vous levant demain, l'extraordinaire personne qui se sera emparée de vous.

Affections,

Cora Tsouflidou

« *Nous entrons dans un siècle nouveau où les femmes ont enfin la possibilité de faire valoir leurs multiples talents.* »

photographie : Sylvie Poirier

« Grâce à elle, j'ai pardonné au vent d'être si changeant. »

Rupture de stock

SUJATA VADLAMUDY

Assise par terre dans une allée chez Zellers, je suis en larmes. Ce soir-là, comme la plupart des autres soirs, je suis sortie tard du bureau. Il est 20 h 30. À la maison, mes deux enfants dorment et mon « doux » m'a demandé de passer prendre un paquet de couches avant de rentrer.

Pourquoi je pleure ?
Parce qu'il n'y a plus de couches n° 6 sur la tablette.
On ne pleure pas pour ça !
Vrai.

Alors quoi ? Qu'est-ce qui ne va pas ?
Je ne sais pas.

Je ne comprends pas ce qui m'arrive. Ça ne va pas. Ça ne va pas du tout ! Je me sens envahie par un grand sentiment d'impuissance, d'échec et de frustration. Qu'est-ce que je fiche ici, à cette heure, affalée dans une allée à pleurer pour des couches ? Cela ne me ressemble pas. Depuis toujours, je suis une battante, une bâtisseuse, une optimiste. J'ai plein d'amis, de projets, de voyages pour le prouver. Mais là, tout de suite, je n'en peux plus !

Confuse, je sors mon cellulaire et je compose le numéro de mon médecin de famille (je sais, j'ai beaucoup de chance dans la vie !). Mon appel ne l'a pas étonnée. Quelques semaines plus tôt, lors d'une visite de routine pour ma fille, elle s'était inquiétée de mon état mais j'avais habilement esquivé la question. Cette fois, je suis bien forcée d'ouvrir cette petite porte que j'aurais bien voulu garder fermée.

Le diagnostic ?
Épuisement professionnel...

De retour chez moi, les pensées se bousculent dans ma tête. Comment en suis-je arrivée là ? Une chose est sûre, ça ne peut plus durer. À la maison, mon manque d'énergie et de patience fait souffrir tout le monde. Au bureau, le combat est perdu d'avance. La direction nous a déjà prévenus que la situation n'irait pas en s'améliorant et que ceux qui ne désiraient pas soutenir le rythme, feraient mieux de quitter le bateau au plus vite.

Ok. Mais pour aller où ?
Vous me voyez en entrevue demain ?
Et puis, c'est comment ailleurs ? Pareil si ça se trouve !
Vraiment, je ne vois pas comment m'en sortir.

Pour tout vous dire, je veux que les choses redeviennent comme avant ! Oui, je voudrais que les choses redeviennent simples, comme avant les enfants et avant les compressions au bureau. Je ne veux pas avoir à choisir entre ma famille et mon travail !

Au fond de moi, je sais bien que j'en demande trop. Mon entreprise a changé, ma vie aussi. Je dois faire avec. Mais la peur me paralyse. Je résiste. Je suis habitée par un sentiment d'abandon et de colère. Je me sens très seule. La peur de l'inconnu m'étouffe et je m'enfonce un peu plus à chaque jour.

Ironiquement, c'est une phrase qu'on avait pris l'habitude de dire au bureau qui m'a donné le courage de changer ma situation : « Où y'a pas de changement, y'a pas d'agrément ! » Heureusement, j'ai rapidement trouvé un autre emploi et j'ai grandement amélioré mes conditions de travail.

Alors ? Tout est bien qui finit bien ?
Eh bien non !

À ma grande surprise, la course contre la montre restait très présente dans ma vie et, non, tout n'allait pas comme sur des roulettes. Si le petit prince de Saint-Exupéry m'avait croisée, il m'aurait certainement bombardée de questions :

Tu cours ? Oui, je cours.
Pourquoi ?
Bien, parce que je suis pressée.
Et tu es souvent pressée ?
Toujours.
Pourquoi ?
Parce que... parce que c'est comme ça !

Il fallait me rendre à l'évidence : je ne savais pas faire autrement. J'étais toujours aussi fatiguée et pire, je me questionnais de plus en plus sur le sens de ma vie. À trop courir, je n'avais plus de souffle et je ne savais plus où j'allais.

...C'était il y a trois ans. Depuis, j'ai rencontré Pascaline Keyser.

Chère Pascaline, savez-vous seulement tout ce que j'ai appris grâce à vous ?

En jargon d'aujourd'hui, on pourrait qualifier Pascaline de *coach de vie*. À mes yeux, elle incarne plutôt l'*Ancient*. Dans la tradition, ce qui distingue l'*Ancient* du village ou de la tribu, ce n'est ni son âge, ni son sexe. L'*Ancient* est celui qui possède le savoir traditionnel et la sagesse du cœur. C'est quelqu'un qui place la vérité et la dignité au-dessus de tout.

Bien sûr, les enseignements de Pascaline se retrouvent dans les livres mais il faudra vous lever bien tôt pour arriver au tiers de sa connaissance. Prendre le temps de discuter avec Pascaline, c'est ouvrir son cœur et son esprit à des principes de vie si simples qu'on se demande pourquoi il est si difficile de les mettre en pratique dans notre quotidien. Prendre le temps de pleurer avec Pascaline, c'est comprendre pourquoi il est si important de faire la paix avec ce qui nous irrite et nous met en colère. Dans ce monde où notre optimisme est souvent mis à rude épreuve, Pascaline étonne. Sa sérénité n'a d'égal que sa foi en l'instant présent. Le ressentiment n'a pas de place dans son monde. Comme elle le dit si bien : « *On ne peut changer le passé et le futur n'existe pas encore. C'est la façon dont on vit le moment présent qui décidera de la qualité de notre futur.* »

J'ai lu quelque part que la résilience est le résultat de multiples processus qui viennent interrompre des trajectoires négatives. Pascaline est définitivement l'un de ces processus. Le calme, l'amour et la paix qui émanent d'elle en sont la preuve.

Il y a trois ans donc, Pascaline m'a offert un port d'attache. J'y ai tantôt jeté l'ancre pour m'y abriter pendant la tempête, tantôt pour me ravitailler. S'il m'est arrivé d'y accoster simplement pour profiter d'une belle journée ensoleillée, j'y suis plus souvent allée pour goûter de nouvelles saveurs, pour vivre à un autre rythme et pour confronter mes idées à celles d'une autre culture.

Pascaline, c'est mon île. À bras ouverts, elle m'a accueillie alors que je dérivais. Avec patience, elle a écouté mon long monologue de doléances; avec générosité elle a partagé une partie de ses connaissances de la vie avec moi et avec douceur, elle m'a encouragée à remettre mon bateau à l'eau pour aller vers de nouvelles aventures.

Pascaline m'a rappelé que sans les marées, la mer ne serait pas la mer, que sans la pluie, la terre n'aurait rien à offrir et que sans la nuit, demain n'existerait pas. Grâce à elle, j'ai pardonné au vent d'être si changeant. Je m'efforce aujourd'hui d'utiliser sa puissance pour profiter des courants forts plutôt que de les subir. J'ai ralenti ma vitesse de croisière, assez pour prendre le temps d'apprécier la beauté tout autour de moi. Je fais de plus en plus confiance aux étoiles pour trouver mon chemin dans le noir.

La société est très exigeante envers les femmes. Je demeure perplexe face à cette lame de fond qui trop souvent nous empêche de garder le bateau à flot. Si le mythe de la Sirène a longtemps hanté les marins, j'espère qu'il n'en sera pas de même avec le mythe de la Supermaman. Nous pouvons décider de l'entretenir encore un bout de temps ou nous pouvons décider de le reléguer au rang des souvenirs dans notre mémoire collective. Pour ma part, j'ai choisi mon camp. Ce n'est pas facile tous les jours, mais ma santé et ma famille en valent la peine.

Merci Pascaline d'avoir su trouver les mots qui ont apaisé ma colère. Merci de m'avoir rappelé que la vie nous rend ce qu'on lui apporte. Merci de m'avoir redonné le courage de mes idéaux et la conscience de ma valeur.

photographie : Sylvie Poirier

« Depuis quelques années, je m'efforce donc de gagner en confiance et en sagesse, me rendant compte du même coup qu'on ne change jamais pour pire lorsqu'on laisse notre cœur parler. »

L'inconfort connu ou le confort inconnu ?

MARTINE MAHEUX

Vous est-il déjà arrivé d'avoir eu l'impression d'être en train de faire une chose alors que votre inconscient vous donnait la sensation de devoir être ailleurs en train d'accomplir ce que l'on attendait vraiment de vous ? Pour ma part, je tente de répondre à cette question depuis bientôt douze ans car, je sais au plus profond de moi, qu'elle me mènera directement vers ma mission de vie. Que, grâce à cette réponse, j'arriverai enfin à me sentir satisfaite et accomplie.

J'ai d'ailleurs parfois l'impression de l'avoir enfin trouvée. Or, ça ne dure jamais longtemps. Au bout d'un moment, je me sens mal à nouveau et je jongle avec l'intuition de devoir faire autre chose, sans véritablement savoir de quoi il s'agit. Ce qui est le plus drôle, c'est que les gens autour de moi croient que je possède tout pour réussir et être heureuse. Je pense d'ailleurs qu'ils ont en partie raison. C'est vrai au fond ; j'ai un bon emploi, un copain qui m'aime, une maison qui me plaît et même une magnifique petite fille.

Comprenez-moi bien ! Je ne suis pas mal au point de vouloir tout laisser tomber. J'aime ce que je fais. J'apprécie aussi ce que j'ai. Pourtant, il y a toujours en moi cet étrange sentiment d'insatisfaction qui me dicte sans cesse d'en faire plus ou différemment ! Voulant en apprendre davantage sur ce sentiment, sur l'origine de sa présence, je fais alors appel à des psychothérapeutes. Je reçois également des traitements d'énergie afin de me soutenir dans ma longue quête vers la sérénité. Je m'efforce aussi davantage de suivre mon instinct. Je m'emploie à mieux écouter les « synchronicités » de la vie, et ce, en accordant une attention particulière aux messages exprimés par mon cœur plutôt qu'à ceux dictés par ma tête.

Évidemment, tout ceci m'amène à vivre des changements tant aux niveaux personnel que professionnel. Or, voyez-vous, j'ai une peur bleue du changement. Identifier mon objectif passe encore mais, lorsqu'il s'agit de passer à l'action, Dieu que c'est difficile ! Voilà pourquoi j'ai envie de rendre hommage à toutes les femmes qui ont dû, tout comme moi, prendre des décisions difficiles pour ensuite joindre la parole aux gestes.

Par le biais de ce texte, je tiens par ailleurs à lever mon chapeau à toutes les pionnières qui, on l'oublie trop facilement, se sont sacrifiées afin d'améliorer les conditions sociales et professionnelles des femmes. Imaginez un instant ce à quoi pouvait ressembler la condition féminine il y a plus de cent ans, alors que le clergé et l'homme dominaient tout. Les seuls domaines qui étaient alors accessibles aux femmes étant ceux de la santé et de l'éducation. Et encore, puisque nous ne pouvions exercer la médecine uniquement que par le biais du titre d'infirmière. Quant à l'éducation, les femmes demeuraient confinées au rang de simples maîtresses d'école. Vraiment, nous partions de loin !

Aujourd'hui je suis enseignante. Ironique, non ? À la fois, je rêve de me rebeller contre un système qui ne nous reconnaît pas mais j'ai également peur du changement. Est-ce de là que vient mon mal-être ? Je crois que oui. Je viens d'une famille où, traditionnellement, les femmes se sont toujours conformées sans poser de questions. Sans méchanceté, ma mère m'a ainsi obligée à me restreindre, à me censurer. Je ne pouvais pas m'exprimer comme je le voulais étant soi-disant trop directe, trop blessante. Les choses qui étaient réservées aux garçons m'étaient interdites puisque venant d'une fille, elles étaient aussitôt mal perçues. M'habiller comme bon me semblait n'avait pas lieu d'être non plus sous prétexte que, selon l'avis général, les couleurs n'allaient pas bien ensemble et que je courrais le risque qu'on puisse rire de moi. Bref, je ne pouvais pas être réellement moi car, à l'époque, je ne me conformais pas à l'image de ce qui était soi-disant correct.

Alors, dans ma tête de petite fille et d'adolescente, j'ai fini par croire que le changement n'était pas quelque chose de bien et qu'il fallait l'éviter à tout prix. D'ailleurs, je trouve vraiment dommage qu'encore aujourd'hui, des femmes éduquent leurs enfants sur la base de ce principe désuet. Il est temps que les femmes modernes considèrent positivement le changement. Elles auraient avantage à suivre un peu plus les traces de ces femmes qui se sont un jour mobilisées pour faire ce qu'il fallait. Même si nous entendons régulièrement les mots « libre expression », nous sommes encore loin de la vivre véritablement. Il existe encore bien des règles obsolètes et des contraintes inutiles.

Je prône la justice entre les sexes, l'amélioration de la qualité de vie et le droit de faire ce qui me plaît. Je souhaite faire plus de place à ce qui m'apporte de la joie et du bonheur, et ce, dans le respect des autres. Certes, j'ai peur du changement mais, comme m'a dit un jour une amie : « Les gens préfèrent rester dans l'inconfort connu plutôt que d'aller vers le confort inconnu. » Et je crois qu'elle avait parfaitement raison. Depuis quelques années, je m'efforce donc de gagner en confiance et en sagesse, me rendant compte du même coup qu'on ne change jamais pour pire lorsqu'on laisse notre cœur parler.

Sachant que l'inconnu ne peut pas être pire que le connu, ayons le courage de passer à l'action. C'est d'ailleurs probablement ce que ces femmes ont compris il y a longtemps. Et, n'oublions pas que la solidarité est une stratégie gagnante. Alors mesdames, vivez libres et osez être car, selon moi, le bonheur passe par là. Merci pour le courage de ces femmes modèles, à leur pouvoir et surtout à leur volonté. Elles sont des guides importants qui éclairent mon chemin... Chemin que je parcours tranquillement mais sûrement !

« *Sachant que l'inconnu ne peut pas être pire que le connu, nous devrions avoir le courage de passer à l'action.* »

photographie : Sylvie Poirier

« Elle me répétait souvent que le bonheur viendrait de mon mouvement créateur. »

Hommage posthume à une grande dame élégante et raffinée

SONIA PÉPIN

Du plus loin que je me rappelle, j'ai toujours été curieuse. J'étais habitée par une soif d'apprendre, de partage et de transmission. Écrire sur un événement marquant de ma vie, remonter la machine à souvenirs, parler de mon enfance chaotique et de cette rencontre déterminante qui l'a si intensément façonnée me remplissent de joie. Enfin, j'ai l'occasion de porter un regard apaisé sur des événements familiaux difficiles. Si les faits vécus que je raconte peuvent venir en aide à quelqu'un, j'en serai fort ravie. La route a été longue pour parvenir là où je suis actuellement. Mon cœur baigne maintenant dans l'allégresse et la gaieté. Après plusieurs années de lectures nourrissantes et d'accompagnements variés, je suis heureuse. Est-ce l'effet « poussière de fée » peut-être ? Comme le disait avec éclat Françoise Sagan : « *Pour moi, le bonheur, c'est d'abord d'être bien.* » De me voir aller ainsi s'avère un magnifique cadeau suite au chemin parcouru au cours des dernières décennies.

Les moments les plus pénibles de ma vie, je les ai vécus dès la naissance, moments donc imposés et incontrôlables. Très jeune, j'ai traversé des épreuves et appris les difficultés de la vie : séparation de mes parents à l'âge de trois ans, aucun souvenir de mon père. J'ai grandi au sein d'une famille dysfonctionnelle, auprès d'une mère absente, voire irréfléchie, et d'un beau-père tyrannique. Dans mon quotidien, le plaisir était défendu. La violence verbale et non verbale était monnaie courante. Beaucoup de critiques et de blessures affectives. Une enfance où j'ai survécu à la solitude, l'abandon, la pauvreté, l'humiliation et aux sacrifices. En découvrant que la vie était plus douce ailleurs, le besoin de fuir ce milieu hostile et lourd était omniprésent. Une interminable attente se dessinait jour après jour. Possédant une perception vive de mon environnement, j'étais dans l'expectative d'une parole encourageante, d'une marque de tendresse ou de sollicitude. Malgré ces conditions de vie ardues, j'étais une gamine qui savait rigoler, faire rire et s'amuser au parc, à l'école et chez ses amis. J'adorais gambader, sauter à l'élastique et grimper dans les arbres.

J'ai appris combien il est difficile de faire sa place dans la vie avec une mère inconsciente des besoins de son enfant. Elle et moi vivions constamment une incompatibilité de caractère, un chantage affectif et une culpabilité réciproques. Nous ne pouvions communiquer sans nous emporter, c'était dur de se côtoyer. À table, en voiture et partout, notre relation oscillait entre les engueulades, les paroles tournées en ridicule ou les lourds silences.

Dans ma souffrance, une porte s'est ouverte : un contact enveloppant avec Yolande Genest. Cette dame éloquente bouleversa positivement ma vie à jamais. Nous nous sommes rencontrées quand j'avais six ans. Elle me lisait des contes, me racontait des récits de voyages. Par sa patience et sa bonté, ma voisine a su m'inculquer le goût d'apprendre et l'importance de l'instruction. Autodidacte et polyglotte, elle partageait avec moi son amour des langues, des cultures étrangères, de la musique classique et de la vie. Complètement fascinée par sa noblesse, je la voulais comme maman. Toujours prête à soulager mon supplice, elle comprenait bien la peine qui m'habitait. Authentique et véritable modèle pour moi, elle a su m'aider à développer ma confiance, mon estime de soi. J'avais tellement peur de déranger. Je me sentais isolée. J'étais d'une fragilité et d'une sensibilité incroyables. Madame Genest, première à croire en mon potentiel, m'encourageait à persévérer dans mes efforts et à m'ouvrir aux autres. Je suis devenue une enfant sociable, tenace et disciplinée. Son caractère affirmé et bien marqué a eu une influence positive sur moi. Son écoute, sa générosité, sa passion et son respect pour ma petite personne m'ont été d'un grand secours. La fillette que j'étais adorait ces tête-à-tête hebdomadaires, agrémentés par de délicieuses collations, où elle prenait plaisir à m'entretenir sur la vie et la mort, l'amour et le bien-être, le sport et la santé. Une petite graine de bonheur impérissable, encore inconnue, naissait en moi.

Les études n'étaient guère valorisées dans mon milieu familial. Ni ma sœur ni mes deux frères n'ont eu la chance de poursuivre leurs formations. Sans diplôme d'études secondaires, ils ont dû se conformer au désir de ma mère. Malgré leur passé de décrocheurs scolaires, ils occupent aujourd'hui d'excellents emplois. Dès l'âge de quinze ans, j'avais décidé avec conviction et courage que j'utiliserais toutes mes énergies à m'affirmer, à me respecter dans mes choix futurs et personnels. J'avais déjà opté pour les études. Pas question que je sois une victime de la volonté maternelle. Les exemples que j'avais reçus étaient ceux de la dépression, de l'alcool, de la dépendance affective et de la manipulation. Je n'y tenais pas du tout. J'étais à l'affût des occasions. Je cherchais le sens de ma vie, de mon destin et je rêvais d'une vie meilleure. Je tenais mordicus à être cohérente en paroles, en gestes et en pensées.

J'étais prédestinée à être une couturière selon les souhaits de ma mère. Elle voulait que j'aille gagner ma vie dans une manufacture de vêtements. Je ne voulais pas perpétuer le modèle que l'on essayait de m'imposer. J'étais plus que déterminée, avec fougue, à quitter le noyau familial, ce que je fis à l'âge de seize ans. Seule, juvénile et rebelle, je désirais vivre ce grand rêve. J'étais vraiment

une jeune femme débrouillarde, autonome et dynamique. Je me suis élevée sans parents. Tout au long de mes études universitaires, j'ai besogné pour joindre les deux bouts. J'occupais deux emplois à temps partiel et j'allais à plein temps à l'université. Je n'avais pas le choix puisque je devais subvenir à tous mes besoins. Une chance que le programme des prêts et bourses du gouvernement provincial du Québec existait J'ai ainsi pu compléter deux baccalauréats et un certificat en éducation.

Madame Genest m'a appris que, quoi qu'il nous arrive, c'est à nous d'en faire quelque chose de positif. Ce fut un de mes premiers principes de vie. Elle m'avait reconnue telle que j'étais, une petite fille fragile, triste, comique et curieuse. J'avais besoin d'être écoutée, valorisée, aimée et d'éprouver le sentiment que j'avais ma place dans ce monde. J'avais promis à mon adorable voisine que j'irais à l'université, qu'ensemble nous serions fières de ma réussite et que je continuerais à apprendre tout au long de mon existence. Aujourd'hui encore, je poursuis un certificat à l'université McGill de Montréal.

Très tôt, elle avait décelé chez moi mon côté passionnel : j'étais avide d'études, de découvertes. Comme mon modèle, j'aimais dispenser mes nouvelles connaissances. Elle me répétait souvent que le bonheur viendrait de mon mouvement créateur. J'aimais lire, écrire et raconter des histoires ; j'avais une imagination débordante. J'affectionnais le monde des arts, des communications et de l'éducation. Le théâtre, la musique, le cinéma, la bande dessinée, la radio, la presse écrite, à titre de chroniqueuse sportive ou d'événements culturels, m'interpellaient. Je lui parlais avec effervescence de ce qui éveillait la joie en moi. Le droit de m'exprimer n'avait jamais été encouragé parmi les miens. Et pourtant, j'avais tellement de choses à dire.

Jusqu'à l'âge de 27 ans, j'ai eu la chance de côtoyer une femme forte et courageuse, érudite et cultivée. Elle m'a transmis son savoir, son savoir-être et son savoir-faire. Sans hésiter, elle a largement partagé avec moi son plaisir de vivre, d'apprendre, de lire, de discuter, d'écouter, etc. Ces rencontres significatives m'ont permis de déployer mes ailes, de prendre mon envol et de me propulser vers un avenir meilleur. Mon inspiratrice m'a donné le goût d'étudier, de voyager, d'être indépendante, de développer ma fierté et de manifester ma confiance. Elle fut pour moi plus qu'un mentor, une véritable amie. Son influence a été un véritable baume sur les traumatismes du passé, sur cette jeunesse malheureuse.

Cette grande dame a su reconnaître mes qualités, mes dons, mon essence. Elle m'a témoigné de l'affection, de l'amour et de la reconnaissance. Souvent, lorsque j'étais en difficulté, elle me rappelait doucement qui j'étais, ce que je portais en mon for intérieur. Elle a participé à mon évolution. Son empreinte positive a déterminé ce que j'allais devenir, ce qui a émané de moi, ma couleur, mon parfum. Elle m'a enseigné à vivre dans la souplesse et à dire non à la rigidité, à la rancune.

Un merci posthume à vous, madame Yolande Genest, du fond du cœur. Vous avez laissé une marque indélébile sur ma vie. Vos passions littéraires, scientifiques et musicales, votre intelligence, votre ouverture d'esprit, votre indépendance, votre sens de l'humour et votre joie de vivre ont été des qualités appréciées. Vos valeurs remarquables m'habiteront le reste de mes jours. Sincèrement et profondément merci !

Je vous aime et vous suis éternellement reconnaissante !

photographie : Sylvie Poirier

Une autre façon de regarder sa vie

DOM I

PAR ARMELLE ROUAULT

Préface de Madame Sadek-Khalil
illustré par Carole Tavernier

« Elle me donnait la certitude que j'étais capable d'arriver à un véritable succès. »

Une mère spirituelle par delà l'Atlantique

ARMELLE MURA

Nous croisons toutes des anges sur notre route. Je crois en avoir croisés beaucoup sur la mienne et je voudrais vous faire part de ma rencontre avec l'un d'entre eux : Madame Denise Sadek-Khalil. Par son exemple, cette dame m'a amenée à me dépasser à tous les niveaux dans ma vie quotidienne.

Enfant, j'étais dyslexique. Maman, le premier ange de ma vie qui m'a donné de bonnes valeurs et une éducation sans reproche, est allée consulter Madame Borel-Maisonny, pionnière de l'orthophonie en France. Comme elle était surchargée de travail, elle m'a confiée à son bras droit, Madame Denise Sadek-Khalil. Cette femme, grande, fière et puissante était, à mes yeux de petite fille, très impressionnante. Je me sentais petite, fragile, mais en même temps épaulée, soutenue, comprise dans la difficulté que je vivais. Je suivais ses conseils aveuglément pour corriger mon orthographe et ma dyslexie. Elle savait rendre les choses faciles, compréhensibles à l'enfant que j'étais ; elle mettait de la couleur sur les lettres, les associant les unes aux autres et ajoutait des dessins qui rendaient les choses claires instantanément. Elle m'accompagnait sans jugement. Sa voix était douce, rassurante et encourageante. Elle me donnait la certitude que j'étais capable d'arriver à un véritable succès. Elle m'apprenait, de ce fait, à sa façon, que réussir ne se réalisait pas sans travailler sur soi, mais bien en faisant un petit pas chaque jour, avec patience, persévérance et constance. Elle me montrait que l'on pouvait même y parvenir avec une certaine facilité, si on utilisait la couleur, le jeu ou le dessin, en laissant vivre son enfant intérieur. Tranquillement, tout au long de ces années, je sentais une force monter en moi, une confiance retrouvée. C'était une femme qui avait une patience d'or. Elle savait m'encourager et me faire comprendre qu'essayer, c'est réussir. Nous avons travaillé ensemble pendant cinq ans environ, puis la vie nous a séparées.

J'ai poursuivi ma route, souvent dans la tempête. Un peu pour réconforter ma famille de la peine que leur avaient causée mon frère et ma sœur, j'ai consenti à un premier mariage. Il dura quinze années durant lesquelles deux enfants virent le jour.

Suivront ensuite dix années de très grosses difficultés morales : pourquoi en étant droite et honnête, en étais-je là ? Cela était inacceptable pour moi, je me confrontais de nouveau au mot ÉCHEC !

Je me suis remariée, cette fois-ci pour faire plaisir aux enfants. Ce mariage dura seize ans. Il fut pour moi une grande chance : il a conduit mes pas vers le Canada ! Une vie nouvelle pour moi, à tous les points de vue.

Chaque année, je retournais en France et j'en profitais alors pour faire, de temps à autre, des visites à Madame Sadek-Khalil. Au cours de l'une de ces rencontres, elle m'a dit combien mes lettres de Bonne Année, que je lui envoyais tous les ans et qui exprimaient l'estime et la reconnaissance que je lui portais, la touchaient profondément. Elle ne pouvait se douter que sa reconnaissance me touchait plus encore.

Les enfants ayant quitté la maison, le couple battant de l'aile, j'ai commencé à écrire un livre de cheminement personnel s'intitulant DOMI. Je voulais aider toutes les personnes à aller vers la sérénité. Je me suis servie de l'enseignement de Madame Sadek-Khalil. J'ai associé des lettres les unes aux autres pour, comme elle me l'avait appris, donner un contenu au contenant. J'ai été surprise, tout au long du processus d'écriture de DOMI, de revivre les émotions et les gestes de mon ancienne orthophoniste, de réentendre le ton de la voix qu'elle employait alors et que mon enfant intérieur avait retenu. Je la sentais m'indiquer de faire telle ou telle chose ; je revoyais sa main sur ma main pour me faire mieux comprendre. Elle me soufflait les explications et DOMI se mit à évoluer, à trouver sa route facilement.

DOMI est un livre écrit afin que chacun d'entre nous puisse retrouver son enfant intérieur. Il s'inspire de l'enseignement reçu de Denise Sadek-Khalil. Il se sert d'une lettre pour en trouver les sons, les mots, les images qui vont permettre à notre cerveau de faire les liens qui nous manquent ou pour compléter ceux qui existent déjà. Puis, la lettre se marie à une autre pour créer la magie de nouveaux sons, de nouveaux mots, de nouvelles images. Ainsi nous avançons dans un labyrinthe déroutant qui permet de contourner le cerveau raisonnable et de lâcher prise sur nos habitudes qui sont, pour chacun de nous, des obstacles à retrouver notre enfant intérieur. Il aide à prendre du recul et permet une compréhension différente des choses de la vie… de notre vie. Il a pour but de nous faire savoir que nos vies nous appartiennent, que nous pouvons choisir mille directions différentes, mais que ce qui importe, c'est notre choix. Il faut reconnaître aussi que, quel que soit ce choix, nous en vivrons les bons et les mauvais côtés, et qu'il y a des choix dits positifs et d'autres dits négatifs. Si ces derniers sont souvent plus faciles à faire puisqu'ils comblent notre moment présent, ils sont cependant rarement bons pour nous. La vie nous demande d'accepter l'effort, la constance, la persévérance et la volonté dans l'action. Enfin, OSER vivre ce que nous pensons concrètement.

Quand mon livre fut complété, il a fallu penser à le faire préfacer. Je n'avais aucun doute. Pour moi, il n'y avait qu'un nom qui me venait en tête : Madame Denise Sadek-Khalil. L'élève se mesurait au Maître ! Et quel Maître ! Cette pensée me terrorisait. Après un certain temps, j'ai dépassé mes peurs et trouvé le courage de lui envoyer un exemplaire, encouragée par mes quatre anges. Je redoutais intensément d'être rejetée par elle et de ne pas être digne de son regard, de son enseignement. Une force supérieure me disait toutefois d'aller jusqu'au bout.

« Cette femme, grande, fière et puissante était, à mes yeux de petite fille, très impressionnante. »

Ainsi, au cours de mon voyage suivant, je suis allée la voir malgré l'angoisse d'affronter son jugement. Je redoutais de perdre son regard bienveillant sur moi et tout le soutien que ça représentait dans ma vie. Je me confrontais à LA référence de toute ma vie et cette rencontre fut, à n'en pas douter, un tournant majeur de celle-ci. En arrivant chez elle, je ne sentais plus mes jambes et l'émotion était à son comble. L'accueil fut simple, chaleureux et son sourire réconfortant. Je la sentais profondément accueillante. Elle m'invita pour la première fois au restaurant et c'est là que, me donnant son point de vue sur DOMI, elle me dit : « *Tu sais Armelle, ce n'est pas un livre destiné aux enfants, mais bien aux adultes. Il est même possible que ces adultes aient besoin de soutien pour suivre le chemin que tu leur proposes de faire.* » Dans ces mots, j'ai compris combien elle était surprise de voir son enseignement traduit d'une autre façon et elle en était fière. Je n'en croyais pas mes oreilles ! Merci à la vie de ce regard approbateur ! Je me sentais pousser des ailes et mon cœur était plein de gratitude. J'avais imaginé le pire et voilà que le meilleur m'arrivait. Elle continua d'émettre ses commentaires sur DOMI en me donnant de sages conseils afin qu'il soit mieux compris. Entre autres, elle m'a appris ce jour-là, qu'il n'y a pas de lettres sans contenu, qu'il n'y a que notre ignorance de ce dernier. Elle me confirma aussi que nous étions tous sur un chemin parsemé de difficultés. Sur ce chemin se trouve en tout temps un élément nous permettant de dépasser un problème (livre, amis, professeurs). Elle m'a également dit que le regard que je lui portais constituait pour elle un honneur et une fierté de voir la petite fille qui avait évolué et qui était devenue un guide à son tour. Je buvais ses paroles comme on boit du petit lait. Je sentais que toute ma vie serait désormais vécue dans l'estime et la valorisation de soi. Nous sommes restées longtemps ensemble, je me sentais comme la fille qu'elle n'a jamais eue et j'en étais fière.

Ce jour-là, j'ai appris que le regard d'une seule personne peut changer toute une vie : je venais de reconnaître MA mère spirituelle.

photographie : Sylvie Poirier

« Je retrouve enfin la petite fille qui autrefois avait tant chéri les arts. »

Splendeurs au fond de soi

RACHELLE BURELLE

Mars 2006. Je retiens mon souffle. Ça y est, je suis devant cet immense tableau vide. Des panneaux de fibres de bois s'enlignent les uns à côtés des autres, les uns par-dessus les autres. Cet espace vide m'appelle, il m'attend tel un destin de quarante pieds de long s'étendant parfois jusqu'à seize pieds de hauteur. Je sais enfin pourquoi je suis là car ce moment, je l'attends depuis l'enfance !

Bien sûr, j'ai toujours su de quoi la vie m'avait constituée. Enfant, je ne respirais que de passions pour lesquelles je vibrais aux rythmes de mes créations et de mon imagination. À travers une danse, une mise en scène, une création théâtrale, mon être, en unisson avec l'Univers, vivait intensément le moment présent comme s'il s'agissait de ma dernière heure, de ma dernière minute, de ma dernière seconde. Je savourai ainsi mon enfance avec toutes ses saveurs magiques pour lesquelles les limites n'existaient pas.

Mais, un jour, l'ombre vint et avec elle, la peur, les jugements et les doutes. Ceux-ci s'installèrent peu à peu en moi, ébranlant les bases de mon estime personnelle. Momentanément détachée de mon rêve, j'entrai ainsi progressivement à l'école de ma vie, où durant quelques années, je m'employai à parfaire de multiples apprentissages.

Je lorgnai ainsi tout d'abord du côté de l'infographie où, en dépit d'un diplôme et de quelques expériences de travail, je n'ai su y trouver une véritable satisfaction. Je poursuivis donc ma quête dans le domaine des sciences où, à ma grande déception, je me trouvai tout aussi insatisfaite. D'atomes crochus en atomes crochus, je décidai finalement de laisser naître en moi la force de la maternité. Je mis ainsi au monde trois merveilleux garçons et, avec eux, la véritable signification du don de moi prit toute sa valeur.

Les années qui suivirent furent extraordinaires. Grâce aux milliers d'heures consacrées au bénévolat, je me suis rappelé le vrai sens des mots humilité, partage, générosité, compassion, patience, amour et confiance. Je me suis dépassée. J'ai repris confiance en moi. Je me suis affirmée en redonnant à mes convictions profondes les fondements nécessaires pour redevenir les véritables piliers de ma vie.

C'est justement cette nouvelle force qui, en septembre 2005, me permit de saisir une toute nouvelle opportunité. Une amie, Julie, me proposa alors de prendre la relève de sa petite entreprise de vitrines décoratives pour commerçants. Mine de rien, ce sont ces petits balbutiements en tant qu'artiste qui m'amenèrent à rencontrer, quelques semaines plus tard, la femme qui fut si déterminante tant pour ma vie professionnelle que personnelle : Nathalie Descôteaux.

Propriétaire d'une école de danse depuis plus de vingt ans, entourée d'une formidable équipe, Nathalie permet à des amoureux et passionnés de la danse de tous les âges, d'exprimer et de vivre de forts moments de joie et d'intensité. De plus, au mois de mai de chaque année, elle leur offre l'ultime cadeau de participer à de très beaux spectacles présentés devant un grand public. Naturellement qui dit spectacle dit décors. Or, attention, car avec Nathalie, pas de demi-mesures.

Dès l'instant où je fis sa rencontre, je fus frappée non seulement par son énergie débordante mais également par sa grande facilité à communiquer son inlassable passion. D'emblée, elle me fit confiance et me confia, en plus de la réalisation des décors de son prochain spectacle, la réalisation et la confection de plusieurs costumes. Véritable exemple d'engagement, tant sur le plan professionnel que personnel, elle m'enjoignit donc, ce jour là, de relever le défi extraordinaire de concevoir une ville imaginaire d'une ampleur de plus de 40 pieds par 16 pieds !!

Certes, remettre dans les mains d'une pure inconnue l'ensemble de la conception et de la réalisation de ses décors relevait du rêve ! Mais voyez-vous, il existe entre Nathalie et moi un tangible et inexplicable fil qui relie nos deux imaginaires. C'est sans doute en raison de cette symbiose, que dès le début de notre aventure, j'ai toujours su déchiffrer, comprendre, créer et réaliser ce qu'elle entrevoyait dans sa tête.

Près d'un an plus tard, soit en mars 2006, le moment tant attendu arriva.

Je le ressens immédiatement. Je suis en accord avec l'Univers. Mes lignes sont tracées. Mon âme est heureuse. Je ne retiens plus tout ce qui m'habite. C'est une urgence. Sous l'influence de la musique, que je chéris depuis l'enfance, je me lance. Je suis enivrée. Je pleure de joie. Je retrouve toute ma puissance : celle de créer des œuvres peintes grandioses, des décors magiques. Maintenant je sais, sans l'ombre d'un doute, qui je suis. Je retrouve enfin la petite fille qui autrefois avait tant chéri les arts.

Nathalie est éblouie et très fière du résultat. J'ai même surpassé ses attentes. Je l'ai épatée cette année-là et maintes fois encore depuis ce fameux mois de mars 2006. Encore aujourd'hui, je me sens d'ailleurs privilégiée et fascinée par ce que la vie a été prête à me donner, ce jour-là, alors qu'avec volonté et engagement, je me suis donnée authentiquement à l'Univers !

Depuis, Nathalie n'a cessé d'encourager mon talent. Mais c'est surtout par l'immense confiance qu'elle n'a cessé de me témoigner que j'ai pu grandir en tant qu'artiste. Je dois ajouter que pour avoir une telle confiance, on se doit de reconnaître l'autre, de reconnaître son talent. C'est le cadeau inestimable que Nathalie m'a offert sur un plateau d'argent : le pouvoir de non seulement voir l'artiste qui m'habite mais également celui de le nourrir d'imaginaires farfelus.

Aujourd'hui, tout ce que j'ai toujours désiré s'inscrit dans le moment présent. Je goûte la vie. Je partage ma passion de la vie avec un compagnon merveilleux. Je suis artiste et je l'assume. Je suis femme d'affaires et j'en suis fière. C'est d'ailleurs sous la bannière de ma propre entreprise que je réalise désormais les décors de Nathalie.

Ainsi, c'est grâce au rêve qui m'a nourrie et à tout l'amour qui fuse de cette expérience que je peux aujourd'hui faire des rêves encore plus grands. Rien n'est inaccessible si le corps et l'âme le désirent avec une force exubérante.

Je m'offre, je m'abandonne et je m'ouvre à ma nature divine. Je crée comme s'il s'agissait d'un acte d'adoration à la Terre, au ciel et à l'Univers telle une prière de l'âme qui s'expose et qui ose exister !

photographie : Sylvie Poirier

« Nous, nos filles, nos petites-filles, sommes ces femmes qui changeront tout, qui bouleverseront tout par leur amour universel rassembleur. »

Sagesse d'ÂmOur

FRANCINE ST-LOUIS

Comment puis-je accueillir l'ÂmOur ?
Quand en moi je Le cherche...

Comment puis-je Le reconnaître ?
Quand mes yeux sont voilés...
Comment puis-je le vivre sans peur, sans méfiance ?
Quand mon cœur croit qu'Il est souffrance...
Comment savoir que c'est Lui ?
Quand mon esprit est conditionné...
Comment être ÂmOur en tout, pour tout, dans tout ?
Quand je n'y ai jamais touché qu'en état altéré...
Quand je n'ai jamais goûté à son état pur...

Montre-moi le Chemin...
Toi qui me dis que je suis ÂmOur ;
Guide mes pas vers le Chemin du Retour.
Du Retour à qui JE SUIS qui s'est perdu dans l'oubli.
Parle-moi pour faire taire la psyché...
Enseigne-moi les valeurs...
Pour que mon cœur revête ses couleurs
Et m'ouvre la Porte du Chemin
Là où tout est ÂmOur et se fait par, pour et dans l'ÂmOur
À chacun de mes souffles.

Comme toutes les adolescentes, on m'a demandé quel métier j'aimerais exercer lorsque je serais adulte. Sans hésitation, j'ai affirmé que je deviendrais médecin et que je guérirais tous les gens comme Jésus l'avait fait afin que personne ne souffre dans son corps. C'est lui qui dit : « Ce que j'ai fait, vous pouvez le faire et même au centuple ! » Cette phrase a été et est toujours mon mantra.

Étrangement, la vie répond aux aspirations du cœur ; aussi, un jour est passée sur ma route une femme qui a changé le cours de ma vie.

Son visage, d'une grande douceur, remonte à mon esprit car c'est elle qui m'a donné la direction pour réaliser mes aspirations d'adolescente et d'adulte. On la nomme, douce Mère (Mirra Alfassa, égyptienne), épouse de Sri Aurobindo. Elle a été cette femme de grande influence qui joua un rôle d'importance en éveillant ma curiosité sur une façon différente de « Voir » la vie et d'« Être ». Cela répondait à cet appel profond et incessant en moi.

Mère est une source d'inspiration inépuisable par les écrits de ses expériences vécues. Elle parlait de changement de la conscience des cellules vivantes, d'un grand passage de la prochaine génération et d'un nouveau mode de vie dans la matière. Je me savais faire partie de cette génération.

Sa découverte d'un « mental cellulaire » capable de reformer la condition du corps et les lois de l'espèce m'a interpellée. Ma curiosité s'est affinée et j'ai poursuivi, par des chemins hors normes, mon exploration de la vie.

Malgré le fait que Mère ne vit plus parmi nous depuis 1972, je la sens encore présente. Peut-être avait-elle raison d'affirmer que lorsque son corps physique la libèrerait, toutes ses cellules seraient parmi nous à nous transmettre sa sagesse d'amour.

Depuis, mon rêve d'atteindre une telle sagesse d'amour au quotidien s'est amplifié. Je suis née pour aimer. Je SAIS que l'amour absolu est la clef de la guérison et de l'éveil de tous nos potentiels intérieurs.

Les années ont passé et aujourd'hui, je pense à toutes ces femmes qui se sont ralliées pour faire des changements, pour exiger le droit de vote, pour avoir le droit d'exister en tant que femmes, pour avoir le droit de s'instruire et de se réaliser et je suis convaincue d'avoir été une des leurs dans mes anciennes vies. Malgré tout, le rôle que je joue dans ma vie actuelle est mon préféré.

Toutes ces femmes ont voulu être libres. Mère m'a appris à ÊTRE LIBRE de tout conditionnement.

« *Je SAIS que l'amour absolu est la clef de la guérison et de l'éveil de tous nos potentiels intérieurs.* »

Je sais qu'au cœur de chaque femme, il y a cette force inébranlable qui ne demande qu'à naître, une force d'amour et de sagesse qui transfigurera un jour l'univers tout entier. Nous, nos filles, nos petites-filles, sommes ces femmes qui changeront tout, qui bouleverseront tout par leur amour universel rassembleur.

Toi qui me lis en ce moment, tu es tellement plus que ce que tu crois être ! Il y a tellement d'amour en toi, une énergie qu'il te suffit simplement d'activer. Grandes ouvertes sont les portes qui te permettront de te réaliser, pour toi, pour moi, pour toute la planète. Nous sommes toutes une clef les unes pour les autres.

Il faut se regrouper, se rassembler et se nourrir du Verbe d'amour, expérimenter et intégrer la vie, vivre en conscience unifiée ! C'est ce que je tente de faire dans les journées SolUna.

En 1995, une sage femme shamane de Sherbrooke, Madame Janine, m'a dit que j'écrirais un livre qui resterait gravé au cœur des gens pour toujours, même après mon « départ »... qu'il est déjà enregistré dans les Annales Akashiques !

Si je peux inspirer suffisamment de femmes à « se vivre » à leur dimension UN d'amour et les voir se RÉALISER, je serai alors la femme la plus COMPLÈTE.

J'espère qu'un jour ma petite-fille pourra dire : « Ma grand-mère a été la première femme qui joua un rôle d'inspiration dans ma vie. Elle a changé la vision du monde d'innombrables femmes et a participé à transformer la façon de le voir. Sans le savoir, elle a été une médecine pour tous ceux qui ont croisé sa route. »

photographie : Sylvie Poirier

« Il s'agit de bien la définir, d'y ajouter un sentiment de joie et de sérénité pour que cette pensée devienne puissante et se réalise. »

Nous sommes ce que nous pensons

ISABELLE GAUTHIER

C'est grâce à plusieurs femmes que je suis devenue ce que je suis aujourd'hui. Ces femmes sont tour à tour entrées dans ma vie pour me conseiller et me guider. L'une m'a non seulement fait réaliser que je suis belle, mais m'a aussi fait ressentir ma beauté ; l'autre m'a aidée à bien choisir mes aliments et me garder en santé ; une autre encore m'a prouvé qu'une activité physique bien choisie peut être stimulante. Mais celle qui m'a le plus inspirée s'appelle Marie-Soleil.

Cette femme, je l'ai rencontrée par hasard lors d'une activité bénévole au sein du Club de photo. Aujourd'hui, si je sais où je vais et si je sais ce que je veux accomplir dans ma vie, c'est en grande partie grâce à Marie-Soleil. Par contre, j'ai dû parcourir un long chemin avant d'y arriver. Un chemin qui quelquefois m'a drôlement éloignée de mon rêve, mais un chemin qui m'a tout de même menée à m'épanouir et à me réaliser pleinement. Mon bonheur, je le vis maintenant au présent en tant que gestionnaire d'une entreprise de photographie florissante.

À l'époque où j'ai rencontré Marie-Soleil, ma vie professionnelle semblait tourner en rond. J'étais toujours insatisfaite. Au début de ma carrière, avec un diplôme de technique en loisirs en poche, je croyais vraiment trouver mon bonheur en tant qu'animatrice de loisirs dans un centre d'hébergement pour personnes âgées. Mais je me suis vite lassée. Ce travail ne me stimulait pas. Alors hop ! Changement de cap ! Croyant savoir exactement ce qui me manquait, je suis retournée aux études pour devenir gestionnaire.

Une fois bachelière, j'ai déniché un poste de récréologue dans un centre d'hébergement, un endroit qui m'était familier. J'ai facilement obtenu les responsabilités que je recherchais mais, à ma grande surprise, un lourd sentiment d'insatisfaction m'assombrit et se mit à hanter mes journées. Alors, n'écoutant que ma *tête*, je me retrouve encore sur les bancs d'école, cette fois aux HEC (Hautes études commerciales), pour un certificat en leadership organisationnel. Je me voyais vraiment comme un leader. Cette image me plaisait énormément et je savais que je possédais les compétences pour accomplir mon nouveau rêve. Mais, à mon grand désespoir, peu importe le travail que j'occupais, la chose la plus importante manquait toujours : LA PASSION.

Étonnamment, je la vivais cette passion. Seulement, je la considérais comme une activité récréative. Les fins de semaine, je *m'amusais* à faire de la photo. Et à chaque fois que j'attrapais mon appareil, la même magie s'opérait : le temps cessait d'exister. J'A-DO-RAIS !

En 2006, un peu avant de rencontrer Marie-Soleil, je me suis fait plaisir. J'ai convié tous mes amis à mon premier vernissage de photos. Tous m'ont félicitée et m'ont encouragée à me lancer dans la photo professionnelle. Mais comment ? Peut-on vivre de photographie ? Non, non et non. La photographie, c'est un loisir, pas une carrière. Après tout, j'avais 18 ans d'études derrière moi. Non vraiment, la photographie, ce serait pour ma retraite.

Mais heureusement, la vie se fichait bien de mes peurs et de mes faux rêves. Lasse encore une fois de mon emploi et confiante en mes aptitudes, je décide de chercher un nouveau défi ailleurs. Mais, malgré mes nombreux diplômes et mes 500 curriculum vitæ envoyés, aucun employeur ne me donne signe de vie. Je me retrouve donc sans demandes d'entrevues et pas de plan B.

C'est à ce moment qu'est entrée dans ma vie, Marie-Soleil. J'organisais alors une soirée pour mon club de photo et, référée par une autre femme, j'ai demandé à Marie-Soleil de venir nous parler de son expérience. Marie-Soleil est une photographe hors pair qui, dans la vie, a réussi à combiner ses deux passions : la photographie et le voyage. C'est une sommité dans ce domaine.

Cette femme a changé ma vie. Surtout ma vie professionnelle.

Son principe : nous sommes ce que nous pensons.

Durant sa conférence, Marie-Soleil nous a expliqué comment il est facile de réaliser nos rêves. Le pouvoir est dans notre façon de penser. Nos souhaits commencent tous par une pensée. Il s'agit de bien la définir, d'y ajouter un sentiment de joie et de sérénité pour que cette pensée devienne puissante et se réalise. C'est simple, non ?

Je relis souvent la feuille qu'elle nous avait remise à la fin de son exposé. Sur cette feuille, on retrouve les méthodes pour maîtriser nos pensées. On y apprend à penser de façon positive. Ces méthodes, je les mets en pratique depuis ce jour. Au début, ça n'a pas été facile de changer mes vieilles pensées négatives, mes chaussettes confortables, mais avec un peu d'efforts et de la répétition, j'y suis arrivée. Puis, un jour, je me suis rendu compte que ça fonctionnait. J'étais prête sans que ça ait fait trop mal. Tout est dans la pensée.

Ce jour-là, j'ai dit adieu à mon salaire stable et à mes avantages sociaux. J'ai démissionné ! Mon seul malheur était de laisser derrière moi une équipe de travail dévouée, dynamique et agréable. Encouragée par mon conjoint, stimulée par ma nouvelle approche dans la vie, me voilà enfin photographe professionnelle. Un désir refoulé depuis trop longtemps, arrêté seulement par des pensées négatives, remplies de fausses peurs.

Ma rencontre avec Marie-Soleil fut un moment déterminant dans ma vie. Je me souviens encore de ses mots utilisés en conclusion : « Si je peux aider une personne avec cette feuille, j'aurai atteint mon but. » Eh bien, félicitations Marie-Soleil, tu as réussi ! Et merci infiniment.

Depuis, j'ai réalisé de bien belles choses et j'aimerais remercier tous les guides qui ont croisé mon chemin et qui ont su m'apporter soutien et encouragement. Aujourd'hui, j'espère avoir aidé au moins une autre femme à cheminer et à grandir, à découvrir que sa passion, sa vie, est dans le nid de ses pensées tel un œuf prêt à éclore au moindre encouragement. Pense ce que tu veux, tu en es le maître.

Souriez. La vie est belle.

Marie-Soleil, tu m'as aidée à faire briller la mienne. Merci d'être entrée dans ma vie.

« *Et à chaque fois que j'attrapais mon appareil, la même magie s'opérait : le temps cessait d'exister.* »

91

photographie : Sylvie Poirier

« Merci d'avoir cru en moi, d'avoir su reconnaître qui j'étais vraiment et de m'avoir permis de m'accepter telle que j'étais. »

Femme d'influence

DANIELLE LACERTE THUOT

Nous passions tous nos étés, en famille, à notre chalet dans les Laurentides. Un bon matin, nos voisins, un couple d'un certain âge, avec qui nous étions très familiers, nous apprennent qu'ils ont vendu leur maison et que de nouveaux voisins aménageront bientôt.

C'était l'été de mes 11 ans. À cette étape de ma vie, je vivais beaucoup de perturbations et de révoltes. La vie de couple de mes parents était fragile, car depuis deux ans, un homme s'immisçait, subtilement mais sûrement, dans notre famille. Mon père fuyait dans le travail et ma mère était malade, et ce, depuis ma naissance. En raison de la maladie de ma mère, ma sœur aînée devait assumer le rôle de mère auprès de moi et de ma sœur dont j'étais la cadette. Jeune enfant, j'avais aussi peu d'amies. Ne pouvant jamais les recevoir chez moi, à cause du contexte familial, elles se sont lassées que je me retrouve toujours chez elles sans jamais les recevoir chez moi.

Vint le matin tant attendu de l'arrivée des nouveaux voisins : un jeune couple avec un petit garçon d'à peine deux ans. Cet enfant, tellement beau, a fait naître en moi l'idée d'un jour devenir mère. Je voyais souvent la nouvelle voisine passer devant notre chalet avec son enfant. Étant d'une nature plutôt timide, je n'osais lui dire bonjour. Fascinée par les yeux de ce magnifique petit garçon et ses beaux cheveux blonds bouclés, j'ai réussi à vaincre ma timidité et à amorcer une relation entre eux et moi.

À cette époque, le personnage bien connu de Nestor, incarné par Claude Blanchard, m'a inspirée et je m'en suis servie pour attirer l'attention et me faire aimer. Pierrette, la maman du petit, m'a tout de suite bien accueillie et m'a, du même coup, inspiré confiance. J'ai vite réalisé à quel point je pouvais me confier à elle et discuter de tout.

Pierrette fut, en quelque sorte, une bouée pour moi. Pouvoir me retrouver avec elle, me sentir respectée malgré mon jeune âge, m'a apporté un grand réconfort. Je savais qu'elle ne me jugeait pas et qu'elle ne profitait pas de ma présence pour m'utiliser à des corvées, ou pour prendre soin de son jeune garçon. Au fil des ans, notre relation a évolué. Avec le temps, notre complicité s'est transformée en une amitié réelle, profonde et intense.

Cette période de ma vie me faisait prendre conscience du monde des grands, mais sans le comprendre. Nous étions dans les années 1968, mes parents vivaient une dégringolade dans leur vie de couple. L'amour n'y était plus ou, à tout le moins, n'était plus possible pour plusieurs raisons. L'absence de communication, les frustrations non réglées, les désaccords étouffés, et l'arrivée d'un troisième enfant - moi en l'occurrence -, qui n'était pas souhaitée, ni acceptée, ont alimenté les moments de silences douloureux qui régnaient dans la maison. Et ce, pendant des années.

Bien qu'entourée d'adultes, je ne trouvais pas d'oreilles pour écouter la peur que j'éprouvais vis-à-vis de cet homme qui s'était immiscé dans notre famille et qui avait vite constaté la vulnérabilité de ma mère. Il avait subtilement préparé le moment fatidique qui allait mettre fin à notre vie de famille. Ce que je ressentais de cette situation, en tant qu'enfant, ne semblait intéresser personne. On me répondait simplement que j'étais trop jeune pour voir ces choses-là et que je m'imaginais tout ça. Je ne savais pas encore que le mot divorce existait, mais je sentais que, tôt ou tard, mes parents n'allaient plus vivre ensemble. Cet homme allait me prendre ma mère et partir avec elle. J'étais révoltée de le voir tourner autour d'elle, de voir ses jeux de séduction et de charme. Il savait que ce qui était le plus important pour ma mère, était ses filles. Il a donc aussi joué, son opération charme auprès de mes sœurs et de moi. Plus il voulait se rapprocher de moi, plus je le détestais. Il m'était trop difficile d'aimer et de me laisser aimer par l'homme qui me prenait du même coup mon enfance et ma sécurité familiale. Ce furent les neuf années les plus difficiles de ma vie. Personne ne voulait croire ce que je vivais et personne ne voyait, comme moi, ce qui allait arriver tôt ou tard. Cela me faisait sentir comme si j'étais prise dans une pièce trop petite pour moi. Et, l'année de mes 18 ans, ce que je craignais arriva.

La vie a permis que Pierrette soit là, juste au bon moment. Elle m'expliquait, dans un langage de préadolescente, le jeu des adultes. Elle me rassurait quant au fait que je n'étais pas responsable de cette situation entre mes parents. Cette relation avec Pierrette a toutefois rapidement dérangé ma famille. Comme elle demeurait dans la maison d'à côté, je m'y réfugiais le plus souvent possible. Je trouvais tous ces adultes hypocrites et méchants. Pourquoi laissaient-ils ces choses se passer sous leurs yeux sans réagir? Par ailleurs, étant donné mes visites prolongées chez Pierrette, je n'étais pas aussi disponible que souhaité pour certaines corvées à la maison. Bien que pour eux, j'aie été trop jeune pour que l'on m'explique ce que je ressentais, je ne l'étais pas trop pour les corvées! Je préférais donc vivre les moments de grogne de mon père dûs à la durée de mes absences, plutôt que d'être témoin de cette situation qui me paralysait.

J'avoue être devenue accro de l'écoute et des conseils de Pierrette. Elle me permettait de m'exprimer à l'état brut. Nos conversations n'avaient pas de tabous. Et Dieu merci! avec elle, j'ai appris tout ce qui était important d'apprendre à l'adolescence, notamment ce qui avait trait aux garçons, aux relations sexuelles, à la relation parent-enfant, à mes choix, mes goûts et tout ce qui faisait partie intégrante de «mon moi». Elle m'a appris à voir les choses avec plus d'une paire de lunettes. Grâce à elle, j'ai développé la capacité d'écouter les gens sans les juger, d'accepter les raisons de leurs agissements et de leur faire confiance.

Un jour, Pierrette m'a demandé : «As-tu un ami?» La question que toute jeune fille n'aime pas se faire poser. Je me suis sentie rougir de l'intérieur jusqu'à l'extérieur et, rassemblant tout mon courage, je lui ai répondu non! Elle a alors tout de même poussé son questionnement plus loin, au point où je me suis surprise à lui avouer l'image négative que j'avais des garçons. Plus tard, dans notre discussion, elle m'a fait réaliser les pourquoi de cette attitude. Puis, dans les mois qui ont suivi cette discussion, j'ai fait la rencontre de celui qui allait devenir mon mari. Nous sommes unis depuis maintenant 34 ans et deux garçons sont issus de cette union. Bien entendu, Pierrette et son mari Jean-Claude étaient présents à notre mariage!

Par son don de soi, Pierrette a fait de moi la personne que je suis devenue. J'ai d'ailleurs choisi une profession où mon rôle consiste à écouter et à faire réfléchir les gens. J'ai aussi reproduit cette façon d'être avec mes enfants; il n'y a pas de sujets tabous entre

« Grâce à elle, j'ai développé la capacité d'écouter les gens sans les juger, d'accepter les raisons de leurs agissements et de leur faire confiance. »

nous, nous avons des discussions ouvertes dans un esprit de respect mutuel. Lorsque mes garçons vivent une situation difficile et que je les entends dire que l'endroit le plus rassurant et réconfortant, c'est à la maison, je ne peux alors m'empêcher de retourner dans mes mémoires et de penser que Pierrette y est pour beaucoup dans ce constat que font mes enfants.

Aujourd'hui, je suis coach d'affaires et coach de vie. C'est avec gratitude que j'affirme que si Pierrette n'avait pas été présente dans ma vie, je n'aurais certainement pas eu le même parcours. Ses conseils, son écoute et sa façon simple d'être m'ont donné les bases nécessaires pour devenir un adulte accompli, la femme que je suis.

Nous avons tous, à un moment donné, une personne qui passe dans notre vie et qui nous aide à grandir. Il s'agit seulement pour nous de bien l'accueillir, de prendre ce que la vie veut nous donner. Que ce soit l'espace d'un été, de quelques années ou d'une vie entière, ce qui compte, c'est de saisir ces instants précieux qui nous suivront toute notre vie.

Bien que Pierrette ait été présente dans ma vie pour une longue période, la vie a quand même fait en sorte de nous éloigner l'une de l'autre. Elle est toujours demeurée présente dans mes pensées et mes enfants connaissent Pierrette comme s'ils l'avaient côtoyée car je voulais qu'ils sachent qui était cette grande femme et quelle influence elle avait eue dans ma vie.

Dans ce livre, je tiens à rendre hommage à cette femme, afin de lui dire à quel point je lui suis reconnaissante pour toutes ces années qu'elle m'a données et pour l'influence bienfaisante qu'elle a eue sur moi. Je la remercie pour sa patience, dont j'ai assurément testé les réserves à certains moments, avec mon lot de questions. Et aujourd'hui, en disant à tous ceux qui liront ce livre, à quel point elle a été importante dans ma vie et combien elle a, assurément, influencé ce que je suis devenue, j'ai le privilège de me faire un cadeau.

Pierrette, merci du fond du cœur. Merci d'avoir cru en moi, d'avoir su reconnaître qui j'étais vraiment et de m'avoir permis de m'accepter telle que j'étais.

photographie : Sylvie Poirier

« Les défis sont faits pour être relevés, les obstacles sont souvent ceux que l'on se construit soi-même. »

Relever les défis, repousser les limites !

ANNIE CHARBONNEAU

Toute petite, ma mère me fabriqua un joli poney à partir d'un vieux bas et d'un manche à balai jaune. Qu'il était majestueux à mes yeux admiratifs d'enfant ! Ce jouet eut sur moi un tel impact qu'il marqua le début de ma passion pour les chevaux, passion d'ailleurs toujours présente à ce jour !

Me voici donc un bon matin de novembre 2009 sur la Rive-Sud de Montréal en tant qu'entraîneur d'équitation. Comme plusieurs autres samedis, mon travail consistait à faire passer des examens aux nouveaux cavaliers défilant devant moi. L'examen de ce matin-là était de niveau cavalier 4 et y participaient plusieurs élèves que je ne connaissais pas. À ce niveau, l'examinateur ne doit pas être le professeur de l'élève.

Je les ai donc reçus un par un, enfin une par une, devrais-je plutôt dire, puisque c'était presque exclusivement des filles ! Cette journée d'examen se révéla tout à fait particulière. Le cœur dans les talons, je ne pus que constater que les élèves étaient mal préparés et qu'ils ne devraient pas tenter de passer cet examen qui est d'un niveau plutôt élevé. Surprise de voir à quel point ils échouaient, je ne pus m'empêcher de penser : « Mon Dieu, je vais devoir en décevoir plusieurs quand je leur dirai qu'ils devront reprendre leur examen après s'être mieux entraînés ». Découragée par les pauvres performances dont j'étais témoin, la journée fut assez longue et pénible.

Tel était mon état d'esprit quand ma dernière élève se présenta devant moi avec son cheval... une dame très âgée comparativement à l'âge habituel des élèves ! Elle avait soixante-dix ans, et sa jument Rosie en avait trente ! Je me suis dit : « Voilà, c'est la cerise sur le sundae ». Manquant d'enthousiasme complètement, je les regardai un peu éberluée, d'autant plus que la dame arborait la même coiffure que son cheval, c'est-à-dire des nattes tressées avec des rubans. Pareilles toutes les deux ! Imaginez-vous la scène ! Mon visage trahit mon étonnement lorsque, du regard, je détaillai l'accoutrement de cette dame avec ses rubans, sa chemise trop décorée, ses pantalons trop courts, ses bottes démodées, son chapeau trop grand. J'avoue avoir été très sceptique quant aux capacités de ces deux phénomènes à réussir leur examen !

J'ai tout de même fait l'effort de me ressaisir et, sans plus attendre, je lui demandai de me dire quand elle serait prête à débuter. Encore une fois, mon expression non verbale laissa transparaître un brin de condescendance... car la dame me regarda d'un air furieux avant d'affirmer simplement et d'un ton sans appel : « Je suis prête depuis dix ans ! » Elle n'avait pas l'air commode, ni amusée par mon attitude et elle avait bien raison. Je me suis donc ressaisie, j'ai pris mes feuilles et mon crayon et la dame débuta son examen. Je lui ai d'abord demandé de monter et de descendre du cheval et, ensuite, d'exécuter son patron, enfin la chorégraphie qu'elle devait faire faire au cheval. Personne n'ayant bien réussi ce jour-là, mes attentes étaient très faibles mais, à ma grande surprise, tout s'est très bien déroulé.

J'ai décidé de parler de cette histoire parce que cette dame m'a littéralement - ou presque -, jetée par terre par son attitude. Je revois encore la scène : une cavalière très âgée exécutant son parcours sur un cheval également très âgé mais qui évolue avec plaisir et qui relève le défi de venir terminer son niveau cavalier 4 alors que la plupart le font à seize ou dix-sept ans ! Ce n'est pas rien. Ce fut pour moi un moment vraiment magique. Cette dame était parfaite, élégante, efficace, forte et belle. Elle effectua les figures imposées avec grâce, en parfaite harmonie avec son cheval.

Après les évaluations, et tel que je m'y attendais, plusieurs élèves ont été déçus de se faire dire qu'ils auraient à reprendre leur examen à la fin de la saison et... que cette dame avait passé haut la main.

Ô combien elle était fière d'elle-même et de sa jument. Elle me confia que ce moment était le temps ou jamais pour sa jument - qu'elle avait elle-même mise au monde et élevée -, parce qu'elle n'aurait peut-être pas pu passer l'examen la saison suivante... Je fus extrêmement touchée par la leçon que je reçus alors - moi qui, comme de trop nombreuses femmes, me sens trop vieille pour ceci, trop vieille pour cela. Je me suis dit : « « WOW ! » La vie est courte mais pas tant que ça ! Les défis sont faits pour être relevés, les obstacles sont souvent ceux que l'on se construit soi-même. Il me faut demeurer positive, ouverte, heureuse et regarder devant avec confiance. »

C'est ce même message que je transmets à tous mes élèves adolescents qui, jour après jour, se construisent un monde rempli d'obstacles que seule la volonté peut faire disparaitre. Avec conviction et travail, mais aussi beaucoup de respect de soi-même, il est possible d'accomplir beaucoup de choses. Cette dame âgée avec sa jument Rosie et leurs beaux rubans me l'ont démontré, là devant moi par un samedi matin peu prometteur... J'y repense souvent ! Cette femme me permet aujourd'hui d'aider les jeunes qui visitent mon écurie chaque semaine à mieux se connaître et, surtout, à relever des défis passionnants sans toujours s'imposer des limites.

photographie : Sylvie Poirier

HOMMAGE
À CELLES
QUI TENDENT
LA MAIN

« *L'amitié se chérit comme les tendres*
fleurs que cultive le cœur,
pour ses mille couleurs. »

[Christian Cally]

photographie : Sylvie Poirier

« *Je m'ennuyais de ta présence gracieuse, intense, intransigeante, à la fois si douce et si réconfortante, si équilibrée !* »

L'amitié, ça ne meurt jamais

JOHANNE FONTAINE

Écrire à une amie comme on écrit une lettre d'amour, écrire à une amie comme si on la prenait dans nos bras avec une infinie tendresse!

Ô combien de fois ai-je rêvé, désiré ardemment aller me blottir au creux de ton giron afin que nous puissions discuter toutes les deux tout doucement sans égard au temps qui passe! Mon amie, mon amour, ma «celle» que j'ai cru que j'allais perdre pour toujours! Ô malheur! Ton succès, ma descente aux enfers des dernières années. Y a-t-il eu une journée où je n'ai pensé à toi? Non, jamais! Je te restais fidèle malgré le temps qui passait. Je m'ennuyais de ta présence gracieuse, intense, intransigeante, à la fois si douce et si réconfortante, si équilibrée!

Ô combien notre vie ensemble fut intense! Te souviens-tu, il y a quoi, trente ans? Quand nous commettions nos premiers spectacles féministes à la Maison Beaujeu dans le Vieux-Montréal tenue par Pol Pelletier? Le tout premier intitulé «E» puis «De force, je déchire ma camisole» et le tout dernier «De force, je déchire ma camisole, 2». Nous prenions neuf mois à monter nos spectacles. Nous jouions dans des salles quasiment vides pendant 15 représentations, nous voulions refaire le monde! Nous avions peur que les hommes se débarrassent des femmes à cause des recherches sur la reproduction, nous avions même téléphoné à Fernand Seguin[1] pour lui demander si nous avions raison de nous inquiéter. Heureusement, il nous avait rassurées!

Puis, à force de préserver nos âmes de la débauche, nous avons eu l'impression d'étouffer! L'air du temps, toutes les années révolutionnaires des années 70 s'estompaient peu à peu! Le féminisme continuait sa lente révolution qui n'en finissait plus de finir, nous avions perdu nos deux référendums, le peuple se mettait à revendiquer moins fort. C'est alors, tout doucement, que nous avons accepté d'entreprendre des démarches pour offrir nos services d'actrices au théâtre institutionnel et à la télévision. Ô combien d'angoisses et de remises en question avons-nous traversées, remettant sans cesse en question notre talent!

Puis, toutes ces années avec mon vieux Roger! Nous ne faisions aucun projet sans t'inclure avec nous! Les voyages en France, à la mer, celui de la Guadeloupe, tous les week-ends au chalet! La naissance de ton Émile, ta séparation d'avec Raymond, l'arrivée de mon fils Raphaël, puis l'usure de mon couple (pénible), tu n'as pas supporté, et tout doucement, tu es partie et notre quotidien à toutes les deux s'est précipité. Mes succès, les tiens, de nouvelles rencontres et puis, et puis, la vie qui va si vite.

Cet espace temps fut pour moi vécu comme une immense peine d'amour. Je ne savais pas que l'amitié comme l'amour provoque autant de passions! De toute façon, maintenant je peux le dire : «Comment vivre sans exaltation, sans enthousiasme, sans fougue,

---

[1] Seguin, Fernand, biochimiste et vulgarisateur scientifique de Montréal, 1922 – 1988.

sans inspiration, sans emballement et surtout sans amour?» La vie, et plus que jamais, je veux la vivre intensément et à chaque jour! J'ai tant de potentiel d'amour à l'intérieur de moi! Je t'aime, je t'aime comme dans ce que l'amour a de plus pur, de plus grand, de plus fort, je t'aime de façon exagérée, tout comme je suis! Oh! le sais-tu, ô combien je t'aime? C'est normal, je suis en état constant d'amour! Comment vivre autrement?

Puis, dernièrement, me voilà admise d'urgence à l'hôpital. Le verdict est dur: cancer incurable! Et cette chirurgienne qui me donne un an ou deux à vivre! Ce n'est que la méconnaissance de la jeunesse qui peut affirmer des choses comme ça. Qui sait combien de temps il me reste à vivre??? Mais ça, c'est une autre histoire que je vous raconterai une autre fois.

Donc, un séjour de vingt et un jours à l'hôpital, trois opérations, deux chirurgies et une interminable convalescence m'ont placée dans un état de vulnérabilité et de dépendance que je ne croyais pas possible. J'ai eu besoin d'aide! Tous les visages que l'amitié avait pris pendant tant d'années m'ont entourée de leurs présences rassurantes, bienveillantes, apaisantes et chaleureuses. Louise, Hélène, Mélanie, Geneviève, Sylvie, Isabelle, Carole, Maryse, Martine, Josée, Caroline, Andrée, et toi, toi, qui es revenue dans mon quotidien, toi qui les contiens toutes, mon amie, mes amours: Danielle! Fallait-il que la vie m'amène si loin dans l'épreuve pour que je sache que l'amitié, la véritable, la sincère, l'authentique, l'intense, la simple, la vraie et l'unique, ça ne meurt jamais?

Je vous embrasse toutes bien tendrement et, surtout, je vous presse tout doucement sur mon cœur et vous couvre d'une douce et apaisante caresse!

Que ferais-je sans vous, mes précieuses?

Que la vie soit bonne pour nous toutes!

Danielle, je t'aime!

104

« *Comment vivre sans exaltation, sans enthousiasme, sans fougue, sans inspiration, sans emballement et surtout sans amour ?* »

photographie : Zabelphoto

« La générosité innée de Claire, sa sagesse et son dévouement me font penser aux sages-femmes de la mythologie amérindienne qui personnifient la globalité du monde et de la nature pour expliquer les choses de la vie. »

La fée des étoiles

NATHALIE MESSIAS

Elle s'appelle Claire.
Elle est belle comme l'amour, elle respire la bonté et la tendresse.
Elle est forte comme sa mère et fragile comme la porcelaine.
Cette fragilité lui insuffle une force unique et nourrit son immense talent.

La fée des étoiles vient vous apaiser ; elle vous recueille en plein chagrin, au fond du désespoir.

Avez-vous rencontré une fée des étoiles ? Qui sait si, vous-même, n'en êtes pas une ?

Je venais de mettre au monde mon beau Charles, mon bébé, que je tentais d'allaiter. Mes seins, comme des ballons de football, étaient gigantesques pour la minuscule bouche en cœur de ce petit être qui cherchait à s'y agripper. Ça ne marchait pas !

Un jour, elle s'annonce au téléphone : « Bonjour ma chérie, c'est moi, tante Claire. Écoute-moi bien : j'arrive ! Je vais prendre soin de toi et du bébé. »

Claire, ma fée, accourait les bras chargés de tant d'amour et de réconfort. Claire, qui avait allaité ses trois enfants, venait partager son savoir-faire.

Elle a pris soin de nous qui étions perdus, sans s'accorder le temps de dormir. Lorsqu'elle est repartie, elle avait su, en quelques jours, me donner le sentiment d'être la meilleure des mamans au monde. Elle me disait souvent : « Ce n'est pas dans les livres qu'on apprend à être mère, c'est en se faisant confiance. » Cette réflexion, je ne l'ai jamais oubliée.

La générosité innée de Claire, sa sagesse et son dévouement me font penser aux sages-femmes de la mythologie amérindienne qui personnifient la globalité du monde et de la nature pour expliquer les choses de la vie.

Puis est venu mon amour de Simon, mon deuxième garçon. Je reconnais m'être alors sentie bien indigne du rôle de mère et avoir promené une grande culpabilité que, seules, les mamans peuvent entretenir toute leur vie : je l'ai nourri au biberon !

Un peu plus tard, une fois révolu le temps des tétées, des suces et des purées, j'ai enfin réalisé que je faisais dorénavant partie des statistiques : celles des mères monoparentales du Québec, avec deux enfants, l'un de deux ans, l'autre de dix mois.

Une fois de plus, j'ai reçu de ma fée une aide inestimable : « Allô, bonjour ma chérie ! Écoute : tu sais que je change de voiture ? Alors voilà… J'ai décidé de te donner la mienne. Prépare-toi, je viens te chercher et on arrange tout ça. Je t'aime ! »

Tout bonnement, au fil des ans, Claire a continué de nous donner de l'amour, du temps, accompagnés de petits mots, d'un poème pour les petits ou pour moi et bien d'autres choses encore ! Combien de fois, au moment de la rentrée, m'a-t-elle demandé la liste des effets scolaires ? Elle me la remettait ensuite, avec toutes les fournitures qu'elle avait achetées, dont les cahiers, sur lesquels elle allait jusqu'à inscrire le nom des enfants, comme si elle n'avait eu que ça à faire !

Quelques années plus tard, je suis entrée dans une friperie où j'aimais faire un petit tour à l'occasion et parler avec la propriétaire. C'était une femme dans la cinquantaine, très seule, qui, laborieusement, suivait son bout de chemin. Sa situation me touchait beaucoup.

Ce jour-là, elle m'apprit qu'elle devait quitter son local et, donc, renoncer à son gagne-pain, le propriétaire lui ayant signifié qu'il reprenait possession des lieux. Rien n'allait plus ! Elle me dit : « En plus, je n'ai même pas d'auto… »

Sa réflexion a traversé mon corps comme un trait de lumière et mon cœur s'est mis à battre tellement fort. J'ai pensé au geste de Claire, à la voiture qu'elle m'avait donnée et à celle que je venais d'acheter, tout en conservant l'ancienne. Je pouvais, moi aussi, aider cette femme, répéter ce geste en donnant, à mon tour, à celle-ci qui en avait tant besoin.

Le don, la solidarité ne sont pas des concepts nés de nos émissions de télévision ; ils sont ce qui fait vibrer l'humanité depuis toujours. Claire, à travers ces lignes, je veux te rendre hommage pour ton humanité : elle résonne dans mon cœur à jamais.

Je t'aime !

« Ce n'est pas dans les livres qu'on apprend à être mère, c'est en se faisant confiance. »

« Une des choses que j'admire tant d'elle, et qui attire les gens comme un aimant, c'est le bien-être qui se dégage de sa personne. »

Se correspondre

CATHERINE VERDON

Correspondance, comme méthode de communication. L'écriture, parce que pour des raisons géographiques, c'est surtout de cette manière que j'ai gardé contact avec Véronique Pierre durant les dernières années. Correspondance, comme deux morceaux de casse-tête qui vont ensemble, comme deux filles qui s'entendent bien. Au moment de notre première rencontre, je savais déjà qui elle était. Ayant fait partie d'un club de ski plus jeune, je skiais avec son frère, Frédéric Pierre, aujourd'hui comédien de grand talent, bien connu. La première fois qu'elle est entrée où je travaillais, elle m'a dit : « On se connait, hein ? » C'était il y a environ dix ans.

- Je connais ton frère, je sais qui tu es, on est toutes les deux de Rosemère, lui répondis-je. En effet, on a dû se croiser très souvent durant les dernières années au café du coin, au centre commercial.

De quelques années mon aînée, elle a une belle assurance, un sourire contagieux ainsi qu'un fort magnétisme. Elle a l'air d'une star ! Elle me commande des copies de son curriculum vitae artistique. Je me dis que je veux être comme elle le jour où je serai officiellement sur le marché du travail. J'ai environ vingt ans et je me cherche. Même si, aujourd'hui, elle a réorienté sa carrière, elle n'a de cesse de se renouveler constamment, avec succès, sur le chemin où elle s'écoute. Pas étonnant que je l'admire ; elle suit le chemin que je souhaite emprunter.

Une des choses que j'admire tant d'elle, et qui attire les gens comme un aimant, c'est le bien-être qui se dégage de sa personne. Elle est en paix, bien dans sa peau, en pleine possession de ses moyens. Je le remarque d'autant plus que je ne pense pas avoir encore atteint cet état de grâce. Le fait que son nom me soit venu si rapidement en tête pour le choix de l'hommage à rendre découle de la réalisation qu'elle est la première femme de ma génération qui m'a fait croire en la bonté sincère des gens.

Déterminée, reconnaissante, authentique, sans hypocrisie ou envie cachée. Gratuitement, sans rien attendre en retour… et envers une autre femme. De toute évidence, j'ai eu envie de la revoir pour qu'elle fasse partie de mon cercle de vie. Parce que selon le lieu d'où l'on vient et le genre de milieu qu'on a fréquenté, une telle rencontre peut être très rare. Jusqu'à la fin de mon adolescence, les choses n'étaient pas super pour moi. Je n'ai jamais vraiment eu d'amis, jamais fait partie d'un gang. Les gens, tous sexes confondus, n'étaient pas gentils avec moi ; j'étais assez souvent exclue. Puis, ça s'est amélioré vers 19 ou 20 ans, années où j'évoluais dans le monde de la mode et des restos où tout est très lié à l'apparence. Les femmes, pour la plupart, se jalousent, s'envient, se font des compliments non sentis, veulent bénéficier de tes contacts, etc. J'ai donc longtemps été sur mes gardes en amitié. Nul doute que le passage à la vingtaine m'avait fait m'entourer de quelques nouvelles personnes, mais qui me sont aujourd'hui très chères. Et je crois que cette croissance, cette réflexion subconsciente, m'est venue de ce que Véronique Pierre a réveillé en moi dès la première fois que je l'ai côtoyée. Nous sommes devenues réciproquement importantes l'une pour l'autre de façon si naturelle que j'ai le sentiment que quelque chose de spirituel nous lie. Peu importe le temps entre chacun de nos échanges ou rencontres, c'est toujours comme si je l'avais vue la veille.

RECONNAISSANTE

Je n'ai pas souvent rencontré de personnes comme elle. Véronique est une femme splendide, née pour le showbiz, un sourire tatoué au visage en permanence. Disponible et très généreuse de sa personne, elle prend le temps de faire des compliments sincères, et n'est aucunement avare de bons mots aidants pour les gens. On pourrait la qualifier de rayon de soleil. Son positivisme et son goût de la vie sont des traits de caractère très forts chez elle qui se sentent et s'observent. J'ai beaucoup d'admiration pour elle du fait qu'elle ait appris à se connaître, à s'écouter et à se choisir. Elle a un jour posé un geste somme toute assez anodin aux yeux de plusieurs, mais qui met en lumière la profondeur de sa bonté. Bien que celui-ci ne lui ait demandé que quelques minutes de son temps, il a tout de même influencé mon attitude au travail à ce jour. Le voici : lors de notre première rencontre, vous vous souvenez que Véronique était venue chercher des photocopies de son curriculum vitæ. Après m'être exécutée, et bien que ce soit la première fois que nous nous rencontrions, elle prit de son temps pour signifier à mon patron son appréciation pour le service que je lui avais rendu. Depuis ce jour, je me suis dit que, comme elle, je voulais prendre le temps, ne serait-ce que quelques minutes par jour, pour faire du bien autour de moi.

DÉTERMINÉE

J'admire aussi la détermination de mon amie. Elle a fait ce que peu de gens ont le courage de faire : tout quitter sans sécurité ni garantie pour aller à la poursuite de ses rêves dans la Cité des Anges (Los Angeles). Quand je pense à son parcours, j'ai automatiquement un élan d'énergie et de motivation, parce que le genre de femme qu'elle est inspire la même chose chez les autres. Je me suis questionnée sur la mission de cet hommage, et j'ai eu envie de la nommer puisqu'elle n'a probablement aucune idée de l'impact qu'elle a sur moi et de l'admiration que j'ai pour elle. Je n'ai jamais pris le temps de lui dire qu'elle figure sur la liste des personnes de qualité que j'aime. Je crois que les personnes marquantes dans une vie ne sont pas nécessairement celles qui font partie de notre quotidien. Mais, malgré ça, un lien profond et puissant m'unit à elle. Certaines femmes se retrouvant sur notre chemin nous permettront d'évoluer, d'apprendre, et seront pour nous des sources de motivation et d'inspiration. Ma copine, c'est un peu tout ça pour moi. Elle représente un modèle de femme exceptionnelle. Chorégraphe, chanteuse, comédienne, animatrice, productrice, elle a un talent unique et bien réel, qu'elle a su mettre à profit pour se réaliser comme femme. Il m'arrive souvent de la citer en exemple comme une personne unique et peu commune.

AUTHENTIQUE

Elle m'a récemment confié : « Savais-tu que je ne poursuis plus ma carrière d'actrice ? » Je n'ai pas été assez rapide pour lui répondre. Quelques heures après, en pensant à notre conversation, je me suis dit : « Tu n'as pas besoin de poursuivre ta carrière, Véro ; ta carrière, c'est toi, tout ce que tu es comme femme, comme personne, et ta carrière, c'est tout ce à quoi tu toucheras qui t'apportera réalisation et succès parce que tu es une femme authentique. » Parce que Véronique touche maintenant, depuis peu, au coaching. Encore une fois, elle s'écoute et va là où son cœur veut aller. Je suis persuadée qu'elle a compris qu'en écoutant ses émotions, on ne se trompe jamais. M'ayant annoncé son retour à Montréal, nous aurons l'immense bonheur de nous revoir plus souvent.

Je ne crois pas que l'on puisse être une femme épanouie sans la présence des autres femmes autour de nous. Certaines nous feront grandir, évoluer, rire, pleurer, réfléchir, nous éduqueront et, avec quelques-unes, nous nous unirons et elles resteront nos amies à jamais.

Quand tu liras ces lignes, chère Véronique, sache que je souhaite être ton amie pour toujours.

photo de son album personnel

photographie de Catherine Verdon, p. 110 : Zabelphoto

« L'on croit souvent qu'il faut faire de grandes choses pour être apprécié, reconnu, respecté. »

Sophie, la petite force tranquille

JULIE FAUCHER

Si j'écris ces lignes, c'est en hommage à mon amie Sophie. Cette femme a fait bien plus que m'inspirer, elle m'a légué un précieux trésor, aujourd'hui solidement ancré et, pour toujours, au fond de mon cœur.

Je voulais faire de cet hommage une surprise à Sophie, le rédiger en cachette et le lui montrer une fois publié. La dernière fois que je l'ai vue, j'ai été tentée de lui en parler mais, finalement, j'ai préféré patienter jusqu'à ce qu'il soit terminé. Mais voilà, j'ai manqué de temps... Sophie est décédée avant que je puisse terminer mon hommage !

Suite à cette triste nouvelle, j'en ai alors interrompu la rédaction, ne sachant plus si c'était une bonne idée... Mais à ses funérailles, en entendant les témoignages de ses proches qui confirmaient tout ce que je pensais de mon amie, j'ai décidé de me remettre au travail avec la ferme intention d'en terminer l'écriture. Je n'étais pas la seule que cette femme extraordinaire avait touchée et inspirée. Aussi mon témoignage, même posthume, ne perdait-il rien de sa signification.

Sophie aurait été étonnée de savoir qu'elle a exercé tant d'influence : elle était si simple et si peu soucieuse d'attirer l'attention... Étonnée, oui, voilà ce qui lui aurait bien ressemblé. C'était tout à fait elle de réagir comme ça. Et cette habitude me faisait sourire et m'attendrissait...

L'on croit souvent qu'il faut faire de grandes choses pour être apprécié, reconnu, respecté. Sophie a renforcé ma conviction que c'est aussi par de petits gestes répétés, par une certaine constance, jour après jour, que l'on parvient à toucher le cœur des gens et à les marquer. Nul besoin de grands éclats ou de gestes grandioses pour laisser sa trace. Parfois, la simple douceur, l'écoute, l'ouverture aux autres et la sensibilité face aux petites choses de la vie sont tout aussi efficaces. C'est en observant Sophie et en écoutant les gens parler d'elle que j'ai compris l'importance d'être fidèle à soi-même, de répéter les gestes auxquels on croit, même si, sur le coup, ils semblent anodins.

Au début, le point commun entre Sophie et moi était le cancer du sein. À cette époque, c'était là notre seul lien. Au fil du temps, notre relation s'est développée à partir des valeurs que je viens d'évoquer.

Ayant eu moi-même à faire face à cet ennemi par le passé, je souhaitais donner de mon temps pour aider à mon tour certaines femmes à traverser cette période difficile. Je savais, pour l'avoir vécu, que quelques mots bien choisis, bien sentis, suffisent parfois à donner espoir. Voilà ce qui m'a amenée vers Sophie.

Sophie est entrée dans ma vie en 2001. Notre relation, notre amitié, a duré neuf ans. Je l'ai connue alors que sa maladie venait d'être diagnostiquée, alors que j'avais traversé cette épreuve six ans auparavant. J'ai tout de suite aimé Sophie. C'était une femme douce, très à l'écoute et pleine de sensibilité. Elle était aussi très déterminée, je le sentais. Mais j'étais encore loin de me douter à quel point. Sophie l'ignorait mais, avec le temps, j'en étais venue à la surnommer « la petite force tranquille »...

Durant les années qui suivirent, Sophie subit d'innombrables tests et traitements, la promenant d'espoirs en déceptions. À travers son parcours, au fil de nos conversations téléphoniques, je me suis attachée à cette femme si authentique. Sophie est devenue une amie, une inspiration, quelqu'un à qui je tenais beaucoup.

J'ai réalisé qu'au moment où sa maladie s'engagea sur un autre terrain et que son histoire prit un tournant qui m'était inconnu, les rôles se sont inversés. Dans son cas, l'ennemi était plus coriace. Je me suis alors demandé comment je pourrais continuer à l'encourager, la soutenir, l'aider, tant je me sentais impuissante devant la réalité qui était la sienne. Alors, je l'ai tout simplement écoutée ; chacune de nos conversations me touchait et me faisait grandir un peu. Les années ont passé et les conversations se sont poursuivies, parfois avec des pauses, mais avec toujours plus de profondeur et, quelquefois même, des confidences... Notre amitié s'épanouissait.

Puis, un jour, comme nous participions toutes les deux au Weekend pour vaincre le cancer du sein, elle en tant que marcheuse et moi en tant que bénévole dans l'équipe médicale, nous avons planifié de nous rencontrer en personne, pour la première fois. Ne me trouvant pas au point de rencontre, Sophie rebroussa chemin, mais alors qu'elle s'éloignait, elle m'entendit parler à quelqu'un, non loin. Elle dit aussitôt à son mari qu'elle reconnaissait cette voix, celle qu'elle avait si souvent entendue au téléphone. Elle revient alors sur ses pas, me chercha des yeux et, après m'avoir trouvée, attendit en m'observant. En croisant ses yeux, j'ai remarqué qu'une femme me regardait attentivement... Elle me sourit et, tout de suite, j'ai su que c'était elle, peut-être à cause de l'intensité de son regard. Je lui ai souri à mon tour. Nous savions toutes les deux, les mots étaient inutiles...

C'est d'ailleurs lors de cet événement que j'ai vraiment pu mesurer la détermination de Sophie. Cette marche est un parcours de soixante kilomètres en deux jours, ce qui, pour tout un chacun, est déjà un défi en soi. Imaginez dès lors ce que cela représente pour quelqu'un ayant des capacités physiques diminuées. Sophie aurait pu penser avant tout à elle et préserver son énergie, mais elle s'est néanmoins inscrite à la marche, a réuni les fonds souhaités et réussi tout le parcours ! C'était pour les autres, disait-elle, pour faire avancer la recherche qu'elle remerciait d'ailleurs pour le temps que celle-ci lui avait permis de gagner. J'étais si fière d'elle, si admirative !

L'année suivante, alors que ses capacités avaient encore grandement diminué, elle entreprit de nouveau cette marche, sans entraînement préalable ! Moi qui suis de nature plutôt optimiste, je me demandais cependant comment elle y parviendrait. Pour avoir moi-même effectué ce parcours, je savais le défi qu'il représentait. Toutefois, je ne lui ai pas fait part de mes craintes. Je l'ai encouragée, tout simplement.

Durant les semaines suivantes, ses médecins lui annoncèrent qu'il ne lui restait plus que deux ou trois mois à vivre. Le cancer gagnait du terrain. Sophie, qui pensait toujours aux autres, s'employait à nous préparer à cette échéance redoutée. Je me souviens d'un appel précis à ce sujet. Les mois ont passé, la « prédiction » s'éloignait et Sophie était toujours là... Et à l'approche du nouveau Weekend pour vaincre le cancer du sein, elle s'inscrivit encore à la marche ! Tout d'abord très surprise en apprenant cette nouvelle, j'ai souri en me disant que cela lui ressemblait bien mais, dans le fond de mon cœur, je croyais bien que sa participation cette année-là serait plus symbolique qu'autre chose. Je pensais que Sophie marcherait quelques kilomètres en compagnie de sa famille et de ses amis, puis qu'elle participerait à la cérémonie de clôture, sachant combien cet événement était important pour elle.

Mais quelle surprise elle réserva à tous ! Hormis les petits kilomètres durant lesquels la chaleur l'accablait trop, Sophie effectua la totalité du parcours ! Quel tour de force, quelle détermination ! Je n'en revenais tout simplement pas. Et Sophie, fidèle à ses principes, n'avait aucunement réalisé cet exploit dans le but d'impressionner qui que ce soit... De surcroît, elle prononça un discours édifiant devant une foule imposante lors de la cérémonie de clôture. Alors, j'ai réalisé que nombreux étaient ceux pour qui mon amie était un modèle. Il fallait entendre les gens scander son nom ! Si elle faisait tout ça, ce n'était pas pour elle, non ; ce qu'elle voulait, c'était convaincre les gens de l'importance des contributions pour la recherche, pour améliorer l'avenir. La « petite force tranquille » en action ! En évoquant son surnom, j'ai souri à travers mes larmes...

C'est lors de ce weekend mémorable que Sophie a fêté ses quarante ans. Les semaines suivantes ont vu son état se détériorer davantage et Sophie perdre peu à peu d'autres capacités. Moi, je ne pouvais être qu'un témoin, triste et impuissant, de cette dégradation. Mais elle est restée calme et sereine tout au long de cette épreuve... Encore la « petite force tranquille » qui se manifestait...

Merci Sophie de m'avoir rappelé que dans la constance, la sincérité et la fidélité envers nous-mêmes, nos gestes, si minimes soient-ils, prennent toute leur importance.

Merci d'avoir partagé un bout de ta vie avec moi.

Merci de m'avoir tant inspirée.

C'est un si précieux héritage que tu m'as laissé...

photographie : Zabelphoto

« La vie d'une personne est un instant dans le temps. »

«MILLE PAS, UN SOMMET!»
BRUNCH FAMILIAL AU PROFIT DE LA
FONDATION SANTÉ
SUD DE LANAUDIÈRE
ET
DES MÈRES GRIMPEUSES DU MACHU PICCHU*

*Une partie des profits nous aidera à financer notre voyage.

Brunch - Conférence - Musique
Salon exposition

Date: Dimanche le 25 octobre

Heure: 10h 00 à 16h 00

Lieu: Hôtel Days Inn

1136 boul. Curé Labelle, Blainville (J7C 3J4)

Coût: 40$ Adultes / 15$ Enfants 10 ans et moins

Réservations:

514 726-1722 - www.jusquaubout.ca

«MILLE PAS, UN SOMMET!»
BRUNCH FAMILIAL AU PROFIT DE LA

FONDATION SANTÉ SUD DE LANAUDIÈRE

ET

DES MÈRES GRIMPEUSES DU MACHU PICCHU*

*Une partie des profits nous aidera à financer notre voyage.

Brunch - Conférence - Musique
Salon exposition

Date: Dimanche le 25 octobre

Heure: 10h 00 à 16h 00

Lieu: Hôtel Days Inn

1136 boul. Curé Labelle, Blainville (J7C 3J4)

Coût: 40$ Adultes / 15$ Enfants 10 ans et moins

Réservations:

514 726-1722 - www.jusquaubout.ca

Lyne, un ange d'inspiration!

CAROLYN MURPHY

L'image qu'évoquent les anges en est une de magnifiques fées habillées de blanc portées par de splendides ailes scintillantes. L'ange dont je vais vous parler n'est pas tiré d'un conte de fée bien que cette chère amie fut pour moi une véritable fée d'inspiration.

Je revois encore sa photo sur ma table de cuisine. Au moment de cette photo, rien ne laissait présager que les liens tissés avec Lyne étaient pour changer très rapidement et me marquer pour toujours!

Qui était Lyne? Au-delà de la collègue de travail, cette femme se révélait un véritable bouquet de sourires. Une boule d'énergie, toujours sur une patte! Elle n'avait de cesse de se dévouer pour les autres. Organisatrice d'événements et de conférences d'envergure nationale, Lyne travaillait sans relâche, le soir, la fin de semaine et arrivait toujours à relever les défis qui lui étaient présentés.

Travailleuse infatigable, son humour faisait aussi légende. Un jour, je reçus d'elle un courriel hilarant... Il s'agissait d'une bonne femme avec l'allure d'une fourmi avec une grosse tête qui dansait sous une boule disco et qui chantait *I Will Survive* de Gloria Gainer. Cette blague a fait le tour du bureau et est devenue notre chanson thème. Lyne riait toujours! Son sourire était contagieux!

Une autre caractéristique qui la démarquait était sa grande générosité. À preuve, un jour, lors d'un événement tenu à Vancouver auquel je participais en tant membre de l'organisation, je me suis retrouvée sans chambre dû à une erreur lors des réservations. L'hôtel étant complet, Lyne m'a spontanément offert sa chambre. Ben oui, Lyne... j'habiterais à l'hôtel où se tient l'événement, et toi, tu irais coucher quelques rues plus loin... Il faut dire qu'à titre d'organisatrice en chef de l'événement, ses heures étaient nombreuses et ses nuits très courtes. Et malgré cela, elle était prête à s'oublier. Mais sa chambre ayant deux lits, nous avons finalement opté de la partager. Jamais je n'aurais pensé que ce court séjour puisse autant marquer ma vie.

Un lien intangible nous unissait. Elle se réveillait à quatre heures du matin, ne disait pas un mot, ne bougeait pas, et je le savais... Vas-y Lyne, je sais que tu es réveillée et que tu as la tête pleine. Fais ce que tu as à faire. Je suis là si tu as besoin de moi... Tel un vieux couple, nous n'avions pas besoin de parler pour nous comprendre. C'était une richesse de l'avoir comme amie!

Elle m'a aussi montré comment faire des valises. «Belle Caro, va, disait-elle, c'est simple. Avant de partir pour l'aéroport, j'ai fait les lunchs pour les enfants, des petits plats pour la famille et quelques brassées de lessive. J'ai ensuite ouvert ma valise et la porte de ma garde-robe et j'ai tout lancé dedans. Et voilà, mes bagages étaient faits!» J'ai tellement ri de la voir ainsi improviser la scène. À ce moment, je ne comprenais pas tout ce que représentaient les responsabilités familiales, mon fils n'étant encore qu'un poupon.

Ce que j'ai appris lors de ce voyage à Vancouver continue à ce jour de me faire réfléchir.

À mon retour de là-bas, j'obtins une promotion où j'eus 300 représentantes à superviser. Lors d'une rencontre suivante, Lyne me partagea qu'elle m'admirait. Jamais je ne ferais ce que tu fais, Caro ! T'es vraiment forte, me dit-elle. Pourtant, elle travaillait elle-même continuellement sous stress, des semaines de soixante-dix heures étant chose routinière pour elle. Je l'admirais tout autant !

Quelque temps plus tard, Lyne me dit : «Caro, mon mari obtiendra sous peu une promotion, ce qui me permettra de passer plus de temps à la maison. Je veux être là pour ma fille handicapée, pour mon fils qui grandit trop vite et pour partager du bon temps avec mon amoureux. Caro, les soupers *fastfood*, ce sera fini. J'aurai bientôt 40 ans et je veux cuisiner, voir grandir mes enfants et profiter de la vie.» Elle avait des plans, des rêves, comme nous toutes !

Lyne nous a quittés au moment même de ses 40 ans. Elle est entrée au travail un matin et s'est retrouvée incapable de composer un numéro de téléphone. Ses mains n'arrivaient plus à exécuter ce que son cerveau commandait. Quelques jours plus tard, elle fut diagnostiquée avec une tumeur au cerveau. Elle est décédée très rapidement, trop rapidement. Elle n'aura pas eu le temps de réaliser tous ses rêves.

Lorsque je suis partie en vacances, mon ange et amie était là... Lorsque je suis revenue, elle n'était déjà plus de ce monde. Je n'ai même pas eu l'occasion de lui dire au revoir de son vivant, ni d'assister à ses funérailles. J'ai pleuré la perte de mon amie, mais j'ai aussi reconnu le message, la leçon que je devais en retirer. *La vie d'une personne est un instant dans le temps.* Quand je pense à Lyne, je me rappelle à quel point il est important de profiter du moment présent. Quand je vis des instants de stress, quand je ne suis plus capable, quand je me questionne sur mes priorités, je pense à elle.

Ma belle amie, où que tu sois, continue de veiller sur moi. Tu es mon ange. Merci de me rappeler l'importance de vivre chaque jour comme le dernier. Merci de m'encourager à voir l'opportunité dans chaque obstacle. *I WILL SURVIVE !*

Je souhaite qu'un jour ma propre fille Marilyn lise ces lignes et qu'elle en retire autant d'inspiration que j'en ai reçu de toi.

Je t'embrasse, Lyne...

> **« Je souhaite qu'un jour ma propre fille Marilyn lise ces lignes et qu'elle en retire autant d'inspiration que j'en ai reçu de toi. »**

121

photographie : Zabelphoto

« Ce fut un long chemin, un chemin vers l'acceptation et le lâcher-prise, et ce chemin, je ne l'ai pas fait seule. »

Une meilleure maman

STÉPHANIE GLAVEEN

En 2004, je suis devenue mère. Quel merveilleux événement et quel changement de vie ! Avec tout mon amour, ma confiance en mes capacités et mon expérience en éducation, l'adaptation fut facile. Il faut dire que j'ai eu un premier bébé dit « facile » ! Puis, en 2007, j'ai donné naissance à une deuxième fille. C'est à ce moment que tout a basculé. Pour moi, le passage de un à deux enfants fut très difficile.

On dit que l'important à la naissance d'un enfant est l'entourage, le réseau social qui soutient les parents et, tout particulièrement, la maman. À la naissance de mon deuxième enfant, j'ai compris à quel point cela est vrai. Ayant de la difficulté à m'adapter à ma nouvelle vie, ce fut un privilège de me sentir si bien entourée. Mes amies sont exceptionnelles et je vis avec elles une complicité naturelle et rassurante, notamment en ce qui a trait à la maternité. Je vous parlerai plus particulièrement de Nadia qui est une source d'inspiration dans mon quotidien.

Nadia et moi nous sommes connues il y a une dizaine d'années, dans notre milieu de travail. C'était à l'époque de nos années folles, comme on s'amuse à les décrire ! Notre attirance pour la fête et les activités sociales nous a amenées à faire plus ample connaissance et à nous découvrir de nombreuses affinités. Comme cela arrive souvent en amitié, la vie nous a séparées à maintes reprises : voyage, construction d'une maison, retrait préventif. Malgré tout, chaque fois que nous nous retrouvions, c'était un pur plaisir. Au fil des ans, notre amitié s'est solidifiée.

J'ai toujours voulu des enfants. En fait, je crois que je ne me suis jamais questionnée. Ça allait de soi. Pourtant, j'ai vécu, au cours des trois dernières années, toute une remise en question. Moi qui me voyais maman depuis toujours, je me demandais maintenant si j'avais fait le bon choix. À la naissance de ma deuxième fille, Milane, je suis devenue complètement désorganisée et épuisée. Moi, la perfectionniste qui ramassait tout au fur et à mesure derrière ma plus vieille, je n'y arrivais plus avec deux enfants. Je manquais de sommeil, je pleurais régulièrement et je luttais contre les sentiments d'échec et de regret qui m'envahissaient peu à peu. Je ne prenais plus de plaisir dans mon rôle de mère. Tout m'apparaissait comme une montagne, un fardeau. J'étais si fatiguée ! Je me demandais vraiment pourquoi j'avais fait le choix d'avoir des enfants.

C'est horrible pour une mère d'avoir ce genre de pensées. Pour comprendre ce qui m'arrivait et trouver comment m'en sortir, j'ai dû remettre bien des choses en question. Ce fut un long chemin, un chemin vers l'acceptation et le lâcher-prise, et ce chemin, je ne l'ai pas fait seule. Nadia m'y a accompagnée, sans nécessairement le savoir.

En 2006, Nadia m'apprit qu'elle est enceinte. La belle Alyssa vint au monde en octobre, suivie de Yoan en février 2009. Bien que je la trouvais déjà extraordinaire, mon amie devenue maman m'épate! Toujours calme, joyeuse, positive, Nadia est maternelle, douce et patiente. Observer Nadia, qui ne semblait jamais déstabilisée par l'ampleur du rôle de maman, fut plutôt déconcertant. Ce fut le départ de mon long questionnement et de mon cheminement personnel.

De cette observation, j'ai beaucoup appris, en particulier sur le lâcher-prise. Rien n'est à l'épreuve de Nadia; une étape à la fois, pas de stress. Côté ménage, elle ramassera quand elle le pourra. Comme je l'ai agacée avec son ancien micro-ondes! En regardant à l'intérieur, je pouvais détailler le menu des trois dernières semaines! Derrière mes moqueries se cachait cependant une profonde envie. Comme j'aurais aimé, moi aussi, ignorer le gazon trop long ou la vaisselle empilée! Toujours à l'heure, même avec ses enfants tout jeunes, Nadia m'amène à mieux m'organiser, moi qui ai perdu tout sens de la ponctualité depuis que je suis maman. Pour rire, je fais des courses avec mes filles pour arriver avant Nadia à un rendez-vous. Nous n'avons gagné qu'une seule et unique fois, mais bon, c'est un jeu auquel nous aimons bien nous adonner!

Cela peut sembler énervant d'avoir une amie si calme quand on est une stressée de la vie comme moi! Au contraire, la présence de Nadia relativise les choses. Elle m'a appris que tout est une question de perception. Du temps, nous en avons tous. Même que c'est probablement la seule denrée que nous possédons de façon égale : nous avons tous 24 heures par jour. Reste à voir ce que nous en ferons et comment nous le vivrons. J'ai changé mon discours. Si Nadia a le temps qu'il faut pour ses enfants, pour elle et pour les personnes significatives qui l'entourent, je l'ai aussi.

Aujourd'hui, je choisis de prendre du temps pour ma famille. Et tant pis pour la balayeuse. Quand je rechute et que je ramasse les jouets des enfants ou les miettes des repas au fur et à mesure, j'entends Nadia qui me dit : « Steph, arrête! Tu ramasseras tout ça une seule fois, à la fin! »

Pour chacune de mes filles, Nadia fut rapidement une personne significative dans leur vie et elle l'est toujours. Quoiqu'il arrive, je crois que notre amitié est là pour rester. Sa présence me calme et me rassure. À ses côtés, j'apprends à dédramatiser et à foncer. Nadia est une force positive qui ne se laisse pas démonter par l'adversité. Elle est comme le grain de café qui, dans l'eau bouillante, relâche sa saveur et sa fragrance pour

« Elle m'a appris que tout est une question de perception. »

la transformer en un breuvage réconfortant et vivifiant. De plus, elle est une amie extraordinaire sur qui je peux toujours compter. Nous nous complétons à merveille. Nous sommes la preuve que parfois, du moins en amitié, les contraires s'attirent !

Je suis maintenant plus heureuse. Je ne dirais pas que j'ai maîtrisé l'art du lâcher-prise, mais j'avance chaque jour. J'ai franchi une étape, celle de l'acceptation. Je profite aujourd'hui du bonheur d'être maman. J'ai fait la paix avec mon choix, avec cette partie de moi qui était sans cesse en contradiction. Je vis maintenant pleinement ma relation avec mes filles avec plaisir, joie et abondance. Quel soulagement et quel mieux-être ! Mes filles y sont aussi pour beaucoup. Elles ne sont pas seulement une image de moi, mais également de ce que j'ai à développer. Elles me permettent de prendre conscience de mes bons coups et des aspects que je dois améliorer. Elles sont encore toutes jeunes et, pourtant, elles m'enseignent à moi, l'adulte sage et responsable, bien des choses ! J'en ai encore beaucoup à apprendre et c'est parfait ainsi. Elles me permettent de grandir et d'évoluer positivement, rapidement. Moi qui ne m'arrêtais jamais, j'ai appris à me calmer, à prendre du temps pour respirer, pour profiter de la vie et du moment présent. Sortir du fonctionnel pour apprécier le relationnel. Ce n'est pas encore facile pour moi, mais j'y arrive de plus en plus. Avec mes filles, j'apprends aussi la patience, la tolérance, la douceur et la compassion. C'est extraordinaire de réaliser à quel point un enfant peut élever un parent ! Près d'elles, je deviens un meilleur être humain et une meilleure maman.

Loralie, toi si émerveillée, droite, responsable et sociable, tu m'apprends à cultiver ma curiosité, à foncer et à aller vers les gens. Milane, toi si douce, drôle, attachante et créative, tu m'apprends à me calmer, à rire et à m'arrêter.

J'espère ardemment, mes cocottes, que je vous donnerai à mon tour tous les outils nécessaires à l'atteinte de votre bonheur et que vous goûterez à celui de vous accomplir, tant aux niveaux personnel que professionnel. Que vous vivrez des amitiés significatives comme j'ai le privilège de vivre.

Je vous donne tout mon amour pour que vous puissiez à votre tour vous aimer pleinement. Merci de m'avoir choisie comme maman.

Et merci Nadia de m'avoir choisie comme amie et de m'aider à être une meilleure maman.

photographie : Zabelphoto

« *Nous créons notre vie.* »

Sur le chemin de la confiance

JULIE LÉVESQUE BOUCHER

Il y a quelques années, j'ai rencontré un jeune homme non résident du Québec. Nous sommes rapidement tombés amoureux l'un de l'autre. J'aimais l'ambiance exotique très attirante qu'engendrait le fait qu'il parlait peu ma langue. Je l'aidais souvent avec les documents en français qu'il devait remplir afin qu'il puisse rester au Québec, ce qui me valorisait beaucoup.

Les premiers mois furent beaux et simples. Il était très souvent chez moi, nous voyions des amis, organisions des soupers, un nouveau couple comme les autres quoi !

Avant même notre rencontre, j'avais prévu un voyage d'un mois en Espagne pour vivre ma passion du flamenco ! Très emballée de réaliser mon rêve, force a été de constater que mon copain ne partageait pas mon enthousiasme, trouvant anormal que je le laisse seul pendant ce temps.

Quatre mois de fréquentation plus tard, il me demanda en mariage. Je suis restée saisie et silencieuse. Je sentais qu'il m'aimait, je l'aimais beaucoup aussi. Par ailleurs, je savais que le mariage faciliterait la demande de parrainage que je pourrais faire pour lui. Souhaitant vraiment qu'il puisse rester au pays légalement et sachant que nous ne voulions pas être séparés, je lui ai répondu oui, mais qu'avant, je voulais regarder quelles autres options s'offraient à nous. Nous étions au mois de mai et je quittais pour l'Espagne au début de septembre.

Après avoir consulté son avocat et un spécialiste du parrainage, j'ai, en quelques semaines, pris suffisamment d'informations pour conclure que le mariage et la demande de parrainage étaient la meilleure solution. Le spécialiste en parrainage nous a fait comprendre que nous devions nous dépêcher et qu'il fallait organiser un mariage avec plusieurs invités, faire une vidéo et des photos de la cérémonie dans le but de prouver que nous nous aimions vraiment. Parce qu'il faut savoir que plusieurs faux couples ont des ententes financières afin que l'un des deux puisse devenir résident du Québec.

En deux mois seulement, j'ai donc organisé un beau mariage avec l'aide de mes proches. Une cérémonie dehors sous les arbres au bord d'une rivière. C'était magique !

Mon copain m'avait dit qu'il s'était marié avec une Québécoise deux ou trois ans auparavant. Il m'a raconté que, pour des raisons d'immigration, il avait dû retourner dans son pays et, qu'à son retour, sa femme l'avait quitté. Au fil du temps, j'ai peu à peu découvert cependant qu'il négligeait de voir à ses papiers, même ceux concernant l'immigration, préférant me laisser tout ça entre les mains.

Le jour où nous avions rendez-vous avec le ministre du culte pour discuter des détails de notre cérémonie, j'ai compris que mon futur mari n'était pas encore divorcé ! L'une des lettres négligées l'informait que son ancienne conjointe avait entamé des procédures de divorce.

La date du mariage était fixée, toutes les invitations étaient postées, tout était réservé... La situation n'était pas drôle et le niveau de stress très élevé. Il ne collaborait à rien pour le mariage ni pour la demande de parrainage. Devant tout régler avant mon départ pour l'Espagne, nous avons fait une demande spéciale au Palais de justice afin d'accélérer le processus de son divorce pour pouvoir nous marier à la date prévue. La demande ayant été refusée, nous avons tout de même fêté notre mariage à la date prévue, bien que le mariage réel n'ait été officialisé que trois semaines plus tard.

À mon retour d'Espagne, mon mari était très différent. Il fuyait tout, voulait toujours s'évader et posait des gestes malhonnêtes. Après maintes péripéties et disputes, j'ai finalement pris la décision de divorcer et d'annuler la demande de parrainage dont les procédures prennent en moyenne un an au Québec avant d'être finalisées. J'ai éprouvé beaucoup de peine, en plus d'être énormément déçue, de la tournure des événements. Mais le pire fut que je perdis complètement confiance en moi-même.

Heureusement qu'environ trois mois avant de me séparer, je fis la connaissance de mon amie Manon. Elle se révéla un véritable guide en m'aidant à réorienter ma vie. Elle vivait avec le même conjoint depuis environ 20 ans et ils ont eu quatre enfants. Le mariage était sacré pour elle, ainsi que la vie de famille. Quand je lui racontai les difficultés que je vivais avec mon mari, elle m'écouta attentivement, différemment des autres. Elle me regardait droit dans les yeux, longuement. Lorsque j'avais fini de parler, elle m'expliquait des choses fondamentales sur les relations entre les hommes et les femmes et sur les relations humaines tout court. Elle avait vraiment le tour de me faire cheminer rapidement malgré la peine que j'avais et la confiance en moi qui était au plus bas niveau.

Grâce à elle, au lieu de sombrer dans la peine, la déception et de rester avec une vision négative de cette expérience, elle m'a montré, pas à pas, à voir le bon côté des choses dans chaque événement vécu avec mon ancien mari. Manon m'expliqua que j'avais le choix de vivre la situation de manière positive ou négative et que je pouvais ressortir grandie et plus forte de cette aventure, si je le désirais. « Nous créons notre vie », me disait-elle souvent.

« *Dès qu'elle voyait un point fort chez moi ou une qualité dominante, elle me le mentionnait et m'en faisait prendre conscience.* »

Jour après jour, elle passait du temps avec moi, du temps de qualité. Elle m'expliqua ce qui était acceptable dans un couple et ce qui ne l'était pas. Ayant perdu mes repères, elle m'aida à les retrouver et à reprendre confiance en moi. Manon me donna des conseils bien concrets et simples à appliquer dans ma vie personnelle et professionnelle. Les mettant en pratique dès que possible, les résultats me redonnèrent confiance en moi. Dès qu'elle voyait un point fort chez moi ou une qualité dominante, elle me le mentionnait et m'en faisait prendre conscience. Mon estime de moi remonta. Cette amie m'apprit à mettre mes limites et à me respecter davantage.

Il nous arriva de faire des simulations des situations où je dus répondre à certaines choses afin de voir comment je réagissais et ce qui pouvait en découler. Nous avons beaucoup ri ensemble, ça dédramatisait les événements.

Manon m'aida à découvrir que j'avais un côté « sauveuse » avec les hommes. Me faisant réaliser que je pouvais être autrement, je me suis ouverte à l'idée qu'avoir une vie de couple saine et enrichissante était une chose possible et, qu'en plus, je le méritais, ce en quoi j'avais cessé de croire.

C'est en la regardant vivre que les valeurs qui étaient fondamentales à mes yeux se remirent en place. Passant du temps avec elle et sa famille lors de différentes activités, je les observai agir entre eux et ce que je voyais était beau. Merci Manon de m'avoir tenu la main jour après jour pour me permettre de me retrouver.

photographie : Zabelphoto

« Que de patience, de générosité et d'amour inconditionnel elles ont démontré ! »

Un parcours imprévu

JOHANNE BERGERON

Quoi de plus troublant que de se faire dire à 27 ans de prendre sa retraite et de laisser un travail passionnant à cause d'une maladie de plus en plus envahissante. C'est ce qui m'est arrivé. Par chance, cinq femmes vont changer le cours de ma vie et me pousser dans une tout autre direction me permettant de retrouver le bonheur.

J'avais 25 ans. Je venais d'accoucher de mon premier enfant depuis deux mois à peine. Un matin, en me réveillant, j'avais mal à une épaule puis, la semaine suivante, c'était l'autre épaule qui faisait des siennes. Très vite la douleur s'est répandue dans presque toutes mes articulations. La polyarthrite rhumatoïde (ou P.A.R.[1]) venait de frapper à ma porte comme une voleuse. Oui, une voleuse qui m'arrachait toutes mes capacités physiques, ma joie de vivre, ainsi que mon rôle de nouvelle maman.

Au début, ma sœur, ayant vécu le même drame durant quelques semaines, m'encourageait en me disant que ce n'était que temporaire, une question de mois tout au plus. Mais les semaines, les mois et, bientôt, les années passèrent sans que ma santé ne s'améliore.

Après une première année de maladie, mon employeur exigea ma démission. Naïvement, j'ai répondu à sa demande perdant ainsi toute possibilité de rémunération. Puis, est venu le tour des médecins qui me conseillaient fortement de mettre fin à ma profession d'inhalothérapeute. Je devais être opérée pour un remplacement total de la hanche et du genou droits, et ce, de toute urgence. En un an, j'ai dû subir trois opérations majeures, la hanche en février, en septembre le genou et, de nouveau, le même genou en février de l'année suivante. Douleur, douleur et encore de la douleur chaque fois que je devais faire des exercices de réadaptation après chacune de ces opérations.

Après deux ans, je devais accepter de vivre avec des séquelles irréversibles. Vous pouvez certainement comprendre mon désarroi.

Durant ces deux années, les douleurs m'empêchaient de prendre soin de mon bébé comme je l'aurais voulu. J'ai dû mettre fin à l'allaitement à cause des médicaments[1] que je devais prendre sans pour autant qu'ils ne me soulagent. Le matin, je devais ouvrir mes doigts, un à un pour y insérer le biberon et coucher mon fils sur la table à défaut de le prendre dans mes bras. Je l'entourais de mon autre bras pour lui faire ressentir combien je l'aimais. C'était la seule façon de me sentir près de lui.

C'est alors que deux anges terrestres sont venus à ma rescousse.

Quand je parle de mes anges, il s'agit de mon unique sœur Nicole et de ma belle-mère, madame Bergeron, qui prirent soin de mon petit garçon Jean-Pierre durant les sept mois de ma convalescence. Quel contrat !

[1] Dans les soins de la P.A.R., il faut essayer plusieurs médicaments pour trouver celui auquel notre organisme répond le mieux. Il existe au-delà de 150 types de PAR, sans compter les types mixtes.

Mes remplaçantes

Madame Bergeron tentait d'aimer mon fils pour deux et jouait avec lui pour qu'il ne ressente pas trop l'insécurité causée par mon absence. Elle le gâtait, lui donnait beaucoup d'amour, comme toute bonne grand-mère. Elle a su lui transmettre les valeurs familiales si importantes et qui forment l'esprit dès le jeune âge. Il avait toute l'attention voulue et chacune de ses petites réussites faisait la joie de sa grand-mère et la mienne lorsque je pouvais lui rendre visite.

Ma sœur Nicole prenait la relève chaque fin de semaine en l'intégrant à sa propre famille. Sorties, jeux, activités variées pour le stimuler puisqu'à cet âge, les enfants apprennent tellement. Avec le support de ces deux personnes, j'ai pu me concentrer sur ma réadaptation physique et retrouver un semblant de vie normale.

Les prothèses articulaires ne sont pas éternelles et voilà qu'à 32 ans, ma hanche droite se détache de l'os et je me retrouve clouée à un fauteuil roulant durant huit mois. À ce moment, Jean-Pierre avait sept ans et ma petite Marie-France, tout juste deux ans. Nicole et Mme Bergeron reprirent du service sans se douter que, cette fois, il faudra près de neuf mois pour me remettre sur mes deux jambes.

Que de patience, de générosité et d'amour inconditionnel elles ont démontrés ! Je vivais des moments de découragement et mon moral flanchait plus souvent qu'à son tour. En plus de s'occuper des enfants, Nicole me dédiait une journée par semaine. Elle m'emmenait au restaurant ou poussait mon fauteuil roulant dans les magasins. C'était très exigeant pour elle et je me sentais un fardeau, mais elle continuait de m'encourager et de me donner espoir en des jours meilleurs.

Enfin une étincelle de lumière

Durant cette longue période de neuf mois, j'ai réfléchi à ce que j'aimais de mon ancien travail afin d'essayer de me trouver une nouvelle voie, une autre vocation. C'est alors qu'une connaissance, Sylvie, m'a parlé d'un cours par correspondance en analyse d'écriture. Je m'y suis inscrite pour ne pas ronger les barreaux de ma chaise et pour me changer les idées. Une nouvelle passion venait de naître. J'ai poursuivi cette formation pendant deux ans afin d'obtenir mon diplôme de la Société Canadienne de Graphoanalyse.

Une collègue, Raymonde, graphoanalyste elle aussi, me proposa alors de devenir présidente de la Société. Mais voyons donc, pourquoi moi ?, me disais-je étonnée. Elle voyait tout le cœur que je mettais dans ce que je faisais, mon sens des responsabilités, ma diplomatie et ma persévérance. Des qualités que j'avais enfouies en moi avec l'apparition de la maladie. Elle voyait la grandeur de mon être et elle croyait en mes capacités pour mener à bien la destinée de la Société. Avec son soutien, j'ai dirigé cette organisation pendant cinq années et retrouvé ma confiance en moi par le fait même.

Ma vraie passion, mon vrai bonheur

Parmi les nombreuses formations offertes par la Société, je me suis inscrite au cours *Documents contestés* (identification de fausses signatures, etc.). J'y ai rencontré une autre personne très importante qui a influencé mon parcours, Henriette. C'est elle qui m'a fait réaliser que, pour être crédible dans ce domaine, je devais faire partie d'associations américaines, les seules qui nous sont accessibles en tant que travailleur autonome. Elle m'a encouragée, par son appui et son exemple, à en devenir membre malgré mon anglais défaillant appris à l'école secondaire. Elle avait suivi sensiblement le même parcours et elle avait réussi. Je me suis dit qu'en apprivoisant mes craintes, je pouvais y arriver à mon tour.

Henriette est une femme fonceuse et qui aime les défis. Elle avait décelé des lacunes dans la pratique de l'expertise en écriture et elle voulait rehausser les normes dans ce domaine. C'est avec générosité qu'elle m'a « *marrainée* » et guidée dans le processus de certification. En devenant la première experte certifiée au Québec, elle m'avait ouvert la voie. Elle et moi partagions les mêmes valeurs de rigueur, de souci des détails et une volonté de faire avancer la profession. Grâce à l'informatique, nous avons poussé plus loin dans la présentation de nos rapports en y ajoutant l'aspect visuel qui venait appuyer nos observations. Ainsi, même un juge était en mesure de voir et de comprendre ce qui était décrit dans les rapports d'expertise en écriture et documents.

J'entrepris, du même coup, le parcours laborieux menant à la certification. Pendant trois ans, j'ai dû lire et étudier des livres de références anglais, selon la liste des lectures proposées pour réussir les examens écrits. J'ai dû aussi donner des présentations en anglais lors des congrès, et ce, devant un auditoire composé uniquement d'anglophones. La première fois, je me suis même contentée de lire mon exposé. À la fin du processus, j'ai eu à défendre des dossiers devant le comité de la formation, qui attribue les certifications dans cette discipline, comme si j'étais en cour. J'ai réussi et j'ai même obtenu deux certifications en 2008, faisant de moi la première experte certifiée de deux associations en expertise de documents. J'ai maintenant un travail que j'adore et je suis respectée dans mon domaine.

La vie met des situations et des gens sur notre passage sans que nous puissions toujours savoir pourquoi. Malgré les larmes et toutes les souffrances, lorsque la passion renaît, tout peut basculer et nous redonner des ailes.

Merci à toutes ces femmes, mes modèles, qui ont cru en moi et m'ont aidée, guidée à travers mon tunnel pour apprécier à nouveau la lumière. Je ne sais pas si je pourrai leur rendre un jour tout ce qu'elles m'ont apporté. Je n'aurais jamais cru être un jour où j'en suis maintenant. Sans elles, cela ne serait sans doute jamais arrivé. Je fais un travail merveilleux et intéressant qui me fait voyager et rencontrer plein de gens.

Malgré les imprévus que la vie nous réserve, nous devons toujours garder espoir. Qui sait quelle personne pourra transformer votre parcours et illuminer votre vie à nouveau ?

J'aimerais que cette histoire soit inspirante et source d'espoir pour toutes les personnes qui vivent une perte d'emploi, un changement de carrière forcé ou de la maladie. Ce sont des situations de la vie que vous ne pouvez pas contrôler mais à travers desquelles vous avez le choix d'apprendre.

Ces cinq femmes ont joué un rôle dans le parcours imprévu qui a transformé ma vie et je les en remercie.

photographie : Zabelphoto

« Pierrette est la première personne de qui je me suis sentie aimée. »

Pierrette Bertrand-Taillefer, inconditionnellement

ODETTE PELLETIER

L'amour véritable étant, par sa nature même, candeur et fraîcheur, c'est avec joie que je vous présente une femme qui a marqué ma vie par son amour inconditionnel et par son amitié constante et loyale.

Un lien exceptionnel m'unit à Pierrette, lien qui s'est tissé au long des trente dernières années. Au moment où j'ai fait sa connaissance, j'étais dans la jeune trentaine. Elle est d'une dizaine d'années mon aînée. Nous travaillions ensemble au sein d'une organisation vouée à l'entraide. Son accueil, sa clémence, sa générosité, son ouverture à l'autre sont à mes yeux les qualités qui constituent son charisme. Elle ne juge personne. J'ai été attirée par son écoute bienveillante qui a su réconforter et apaiser l'âme désemparée que j'étais à l'époque. Pierrette est la première personne de qui je me suis sentie aimée. Pour une personne qui, comme moi, n'avait jamais éprouvé un pareil sentiment, ce n'était pas rien !

Au fil des années passées à travailler ensemble, une solide amitié s'est installée entre nous. Lorsque j'ai besoin d'être entendue, c'est vers Pierrette que je vais.

Un jour, je me suis retrouvée dans une situation très précaire. Je venais tout juste de m'acheter une maison et me voilà congédiée pour des raisons qui n'avaient rien à voir avec moi, ni avec mon rendement professionnel. Je suis alors entrée dans une telle colère que j'avais vraiment peine à me contenir. Je suis allée aller voir Pierrette dans son bureau. M'apercevant dans cet état, elle m'accueillit avec empressement. Étant consciente d'être fortement en réaction, je l'ai avisée que le but de ma démarche consistait à être entendue et que je ne m'attendais pas à ce qu'elle prenne partie pour moi. J'avais juste besoin de sortir mon venin pour voir plus lucidement ce qui venait de me tomber dessus. J'avais besoin de l'amie et non de la collègue de travail. M'étant assurée qu'elle était capable de demeurer neutre, j'ai alors donné la permission à la partie blessée en moi de s'exprimer sans censure. Les injures, les accusations, les jurons et les jugements de valeurs ont alors fusé de toutes parts. Je ne faisais pas dans la dentelle ! Pendant les quinze minutes qu'ont durées mes récriminations, elle m'écouta silencieuse, ponctuant seulement ça et là son écoute de petits « hum ».

Quand j'eus terminé, elle me dit avec son beau regard rempli d'amour : « C'est correct, Odette, c'est okay d'être en colère. Je t'aime comme tu es. » Jamais de ma vie quelqu'un ne m'avait autorisée à être colérique. Enfin quelqu'un validait ce que j'étais, non pas parce que j'avais raison, mais seulement pour ce que j'étais.

À ce moment précis, j'éprouvai, pour la première fois de ma vie, le sentiment d'être aimée. Une douce énergie réconfortante a alors rempli mon cœur et des larmes ont perlé dans mes yeux. Une joie mêlée d'excitation m'habitait soudainement. Je me tenais là, debout devant elle, l'air un peu gaga, les mots me manquant pour dire ce que je ressentais. Une phrase tournait en boucle dans mon esprit : « Hein, c'est ça se sentir aimée, c'est ça être aimée, inconditionnellement, la sensation que procure l'amour inconditionnel ». Après quelques secondes qui m'ont paru des minutes, je revins à moi et partageai, avec Pierrette, ce que je venais tout juste de vivre. Nous nous sommes prises dans nos bras et avons doucement pleuré ensemble. Je venais de comprendre et d'intégrer la différence entre être et faire. J'ai compris que la vie ne consistait pas à faire des choses pour être estimée, valorisée ou pour me sentir importante mais bien à être authentique, intègre et responsable en toute simplicité puis, de faire son possible. Je venais d'entamer le voyage vers un moi-même plus vrai, plus joyeux et plus libre !

Jusqu'à ce jour de ma vie, j'avais cherché l'amour sans le trouver. Je désirais être aimée et je faisais beaucoup de choses dans ce but. Sans le réaliser, j'avais beaucoup d'attentes. J'ignorais encore qu'à chercher l'amour, je ne trouverais que des problèmes.

Pierrette fut et demeure pour moi une deuxième mère. Elle représente le genre de maman dont je rêvais enfant. Jusqu'à ma quarantaine, ma relation avec ma mère était demeurée distante. Dans le meilleur des scénarios entretenus dans ma tête, ma mère avait fait son devoir en gardant la famille (cinq enfants) réunie après le décès soudain de mon père alors que nous étions encore tous très jeunes !

Touchée par l'amour sans condition de Pierrette, j'ai réalisé, peu de temps après, que je tenais rigueur à ma mère de ses limites et que je ne l'aimais pas de manière inconditionnelle. Dans mon for intérieur, je persistais à penser qu'elle aurait dû être capable de me donner l'amour que je désirais et, puisqu'à mes yeux elle avait failli à la tâche, je lui avais fermé mon cœur. J'étais encore loin de réaliser à quel point j'étais sévère et exigeante.

Au fil de ces années, j'eus moi-même trois enfants. Quand je fus confrontée au fait que je n'arrivais pas à leur donner l'amour qu'ils auraient souhaité recevoir de moi, je me suis souvenue de Pierrette et de son accueil bienveillant. Mes enfants me reprochaient certaines choses qui, selon eux, ne correspondaient pas aux comportements d'une mère qui aime ses enfants. Mais moi, j'étais sûre de les aimer... tout comme ma mère ! Maman m'avait dit qu'elle m'aimait, mais je ne l'avais pas crue car ce qu'elle me donnait comme amour ne correspondait pas à mes attentes.

« Elle représente le genre de maman dont je rêvais enfant. »

Par son exemple d'acceptation, Pierrette m'a permis de comprendre l'importance d'accepter inconditionnellement la mère que j'ai été et, ensuite, d'accepter sans réserve la mère que j'ai eue. Maman m'avait donné ce qu'elle avait pu et c'était à moi d'en être reconnaissante et de lâcher prise, de mettre fin à mes attentes, à mes reproches et mes jugements. Quand ce fut chose faite, la paix fit sa demeure dans mon cœur. J'ai cessé, par le fait même, de me sentir coupable d'avoir été une mère plutôt absente de la vie de ses enfants, laissant aller les critiques et les reproches que j'entretenais en mon endroit. Une boucle venait d'être bouclée. J'ai pu enfin faire le deuil de la mère que j'avais souhaité avoir.

Aujourd'hui, bien que la distance nous sépare physiquement ma mère et moi, dans mon cœur cette distance n'existe plus. Quand mes pensées s'envolent vers elle, des sentiments doux, chaleureux et nourrissants émergent en moi.

À travers toutes ces années, Pierrette fut pour moi une amie fidèle avec qui j'ai partagé et continue de partager mon univers intérieur. Cela fait maintenant près de trente ans que nous sommes amies. S'il reste des choses qu'elle ne connaît pas de moi, ce n'est pas parce que je voulais les garder secrètes, c'est qu'il ne m'est pas venu à l'esprit de les lui dire.

Notre relation est comme un bon vin, elle s'améliore avec le temps. Quand j'ai besoin d'avoir une rétroaction par rapport à moi-même, c'est vers elle que je me tourne parce que je sais qu'elle me donnera sa vérité. Quand je lui pose une question, je suis sûre d'avoir l'heure juste, et réciproquement. Au long des années, nous avons développé une confiance totale l'une envers l'autre et l'aisance qui en découle réconforte par sa simplicité. Pas de prétention, ni de sentiment d'obligation. La liberté ressentie vient du fait qu'il n'y a pas d'attentes entre nous.

Sa présence me calme. La manière dont elle m'aborde pour me faire part de ses commentaires et observations me permet de m'ouvrir et d'être à l'écoute au lieu de résister à ce que j'entends. Pierrette compte parmi les rares personnes à qui j'ai donné l'autorisation de me dire des choses me concernant sans qu'elles n'en demandent préalablement la permission. Elle est comme une mère et une sœur pour moi.

Chère Pierrette, je t'aime profondément. Le mot merci ne suffit pas pour t'exprimer ma reconnaissance et ma gratitude. Merci de m'avoir aidée et soutenue pendant ces années. Par l'exemple vivant de ton amour inconditionnel, tu m'as démontré que cette forme d'amour est possible et, par conséquent, tu as pavé la voie vers la réconciliation avec ma mère et avec moi-même. Merci d'être qui tu es, très chère amie.

Aujourd'hui, lorsque je me retrouve devant des clients comme thérapeute ou devant des participants lors de mes ateliers ; quand j'entends une personne sortir sa souffrance, mes pensées s'envolent vers Pierrette. Cette marque indélébile qu'elle a laissée dans mon cœur m'aide à ce jour à aimer de manière inconditionnelle et me motive à continuer l'apprentissage de l'amour universel. C'est ce que je souhaite redonner jusqu'à la fin de mon actuel pèlerinage terrestre.

photographie : Sylvie Poirier

HOMMAGE À CELLES QUI POURSUIVENT LA LIGNÉE

« *Les enfants ont plus besoin de modèles que de critiques.* »

[Joseph Joubert]

photographie : Sylvie Poirier

« *Leur force est une inspiration, leur joie de vivre, un hymne au bonheur.* »

Les Filles Fortes

NANCIE FERRON

Nous sommes passées dans le tordeur. On s'appelle les Filles Fortes. Nous, rien ne nous arrête, on regarde en avant et on fonce. Nous avons pris cette décision en novembre 2001. Florence avait 11 ans et Marjolaine 8 ans. Elles étaient bien petites pour apprendre de si grandes leçons de vie. Leur père, mon conjoint depuis 13 ans, venait de mourir... par choix ! Il en avait assez de souffrir. Nous nous sommes retrouvées toutes les trois au cœur d'un drame que nous n'avions pas choisi mais avec lequel nous devions apprendre à composer. Sans elles, je n'aurais pas eu la force de passer au travers ; ensemble, nous avons choisi de mordre dans la vie.

Nous avons beaucoup réfléchi au suicide. Nous en sommes venues à la conclusion que ce n'était pas une solution et que ça ne devrait jamais l'être. Nous avons échangé avec l'entourage, avons tenté de briser les tabous entourant le suicide, avons essayé d'aider d'autres familles vivant des drames semblables, mais notre survie, c'est à nous trois que nous la devons ainsi qu'à notre amour... et à ces grands bras ouverts d'un nouvel homme qui nous a acceptées telles que nous étions. Il lui en a fallu du temps pour redorer le blason de la gent masculine auprès de deux adolescentes marquées par le suicide de leur père et pour apprivoiser la mère, quelque peu échaudée par sa dernière histoire d'amour. Défi relevé.

Aujourd'hui, Florence et Marjolaine sont grandes, adultes pour ainsi dire. Elles sont heureuses et ont des projets pour meubler trois ou quatre vies facilement. Jamais elles ne renoncent, ne se laissent abattre ou s'apitoient sur leur sort. Elles sont ma plus grande fierté, mes amours pour toujours. Leur force est une inspiration ; leur joie de vivre, un hymne au bonheur. Je sais que jamais rien ne pourra nous séparer ou abîmer cette précieuse relation que nous avons développée dans l'adversité. Nous sommes soudées les unes aux autres, nous sommes les Filles Fortes.

photographie : Zabelphoto

« *Dès ton arrivée, on projettera sur toi des rêves, des peurs, des façons de voir, de faire et d'être. Sans le vouloir, il m'arrivera à moi aussi de t'éloigner de ta vraie nature.* »

Ma petite Agathe

SOPHIE BÉRUBÉ

À l'heure où je t'écris, tu étires chacun de tes membres, comme si tu te réveillais après une longue sieste sous le soleil. Tu ne t'inquiètes pas des sensations que me procurent tes petits pieds dans mes côtes. Tu ne penses pas au passé ni au futur. Tu vis dans un environnement douillet où l'on entend le monde en sourdine, où la lumière est toujours tamisée, où la température est parfaite, un univers où tu es bercée par ma respiration, mes mouvements et mes battements de cœur.

Dans trois semaines, cet univers s'ouvrira à toi. Il se déploiera peu à peu devant tes petits yeux. Au début, il sera moi avec toi accrochée à mon sein, ensuite, il sera les bras de ton papa, ta petite chambre rose, ta maison près du lac, et puis, il y aura l'école, le parc et les autres enfants. Ce sera bien vite l'heure des choix car même si tu tiens le monde entier dans ton cœur, il est trop vaste pour être entièrement exploré en une seule vie.

Par ailleurs, il semble que la vie nous offre deux grands choix : la choisir ou la subir. Si je peux te souhaiter une chose, c'est de choisir ta vie. Je te souhaite d'être le capitaine de ce merveilleux bateau. Certaines personnes n'y arrivent jamais. Être son capitaine, c'est savoir qu'on est responsable de son bonheur, c'est s'offrir la liberté, l'amour et le respect de soi. Mais on dirait aussi que c'est l'une des positions les plus difficiles à occuper ! Dès que tu entreras en contact avec les autres, tu seras confrontée à d'autres réalités et il te sera facile d'oublier que tu as tout ce qu'il faut à l'intérieur de toi pour choisir les directions à prendre.

Dès ton arrivée, on projettera sur toi des rêves, des peurs, des façons de voir, de faire et d'être. Sans le vouloir, il m'arrivera à moi aussi de t'éloigner de ta vraie nature. Dès que je te verrai, ce sera plus fort que moi, je voudrai que tu sois la petite fille la plus belle et la plus heureuse du monde. Je te souhaiterai d'être mignonne pour que les gens soient plus gentils avec toi. Je voudrai que tu sois intelligente pour que tu aies de la facilité à l'école. Je voudrai que tu sois polie pour mieux t'intégrer à la société et, surtout, j'aurai une idée du bonheur qui sera probablement très différente de la tienne.

Je voudrai te protéger en vain de mon jugement, de celui des autres, du ridicule, de la honte, du rejet et de l'abandon. Et pour ce faire, je me ferai souvent capitaine de ta vie alors que mon véritable rôle est d'être ta complice. Il te faudra beaucoup de confiance en toi et d'astuce pour arriver à devenir ton propre capitaine et laisser derrière toi la culpabilité et les tentations de changer pour te faire aimer par moi et les autres. Il te faudra du courage pour être un bon capitaine, c'est-à-dire savoir orienter ton bateau tout en ayant du respect pour la nature, pour tes compagnons de voyage et tous ceux qui croiseront ta traversée.

Depuis que tu es dans mon ventre, tu m'obliges à devenir un meilleur capitaine. J'ai eu à faire un grand ménage. J'ai beaucoup pleuré, comme s'il fallait que mes larmes nettoient le pont et la cale de mon navire. J'ai pleuré toutes les fois où j'ai eu le sentiment de manquer d'amour et de confiance en moi. J'ai pleuré toutes les fois où j'ai fait le clown pour obtenir un peu d'attention, toutes les fois où je me suis pilée dessus pour être acceptée par les autres. Il y a eu les longues heures à pratiquer le piano et les études en droit pour ne pas décevoir ma mère, les cigarettes et les vêtements griffés pour me sentir incluse dans certains groupes d'amis, les week-ends passés au bureau pour donner l'impression d'être une super star auprès de mes patrons. C'est sans compter tout ce que j'ai fait pour me faire aimer d'hommes qui ne m'aimaient pas. Il y a eu ce ventre rentré, ces manques de respect ravalés pour une caresse et cette incapacité de recevoir qui m'a fait perdre le nord et occasionné trop de détours avant de rencontrer l'amour.

J'ai aussi pleuré la petite fille que j'ai été, celle qui a été mise de côté pendant trop d'années, et qui a ressurgi à l'annonce de ton arrivée dans mon bateau. Je l'aide à grandir, à panser ses blessures et la prépare à son nouveau rôle, celui d'être ta grande sœur.

Quant à moi, pour être à la hauteur de mon nouveau titre de maman, il me faudra te donner la sécurité, l'amour et la reconnaissance dont tout être a besoin pour construire son propre bateau. Mais aussi, je veux te présenter l'image d'une maman heureuse, indépendante, fière, qui n'a pas besoin d'être constamment approuvée par les autres, une maman qui suit ses élans du cœur et ceux de la création, une maman qui est capitaine de son bateau, même si elle suit souvent le sillon de ceux qu'elle aime et respecte.

J'ai appris que la connaissance de soi et l'amour étaient deux excellents outils pour m'aider à demeurer aux commandes de mon navire. Si tu as les deux, rien ne peut te faire faire naufrage, et ce, peu importe la taille de ton embarcation. Tu devrais découvrir toutes les joies qui en découlent comme la compassion, la générosité, l'amitié, le bonheur, le contentement, le courage et la confiance. Tu seras protégée des peines inutiles, celles qui surgissent suite à l'orgueil, à l'envie ou au jugement des autres.

Si tu te connais bien, tu sauras ce que tu aimes, ce qui te convient et ce qui ne te convient pas. À force d'expériences bonnes ou moins bonnes, tu découvriras peu à peu ta véritable essence. Et quand tu seras confuse et que tu perdras ta boussole, sache que l'amour te sera d'un grand secours. Laisse-le te guider et prendre le relais dans tes choix car même si l'amour ne t'apporte pas de résultats concrets ou ne te mène pas à la destination rêvée, au moins sache qu'agir par amour n'amène jamais les regrets.

Mais surtout, rappelle-toi que tu ne peux pas te tromper. Peu importe la direction que tu prendras, qu'elle te mène parfois au bonheur ou au malheur, sur des îles enchanteresses ou en plein milieu de tempêtes grises, chacune de tes aventures favorisera une meilleure connaissance de toi, donc inévitablement, te mènera vers les meilleures destinations pour toi.

Ton arrivée parmi nous m'apparaît comme la plus extraordinaire de toutes les aventures vécues jusqu'à maintenant. Je ne regrette pas les détours qui m'y ont menée car ce sont eux qui font qu'aujourd'hui, je me sens véritablement prête à t'accueillir. Je me connais de mieux en mieux, en sachant que tu me feras découvrir d'autres aspects de moi encore inconnus. Et surtout, je sais et j'accepte qu'un jour, tu devras quitter mon sillon pour en inventer un nouveau. Je te promets que chaque fois que tu me le demanderas, je serai ton plus fidèle matelot.

Ta future maman.

« Si je peux te souhaiter une chose, c'est de choisir ta vie. »

photographie : Zabelphoto

« Je n'aspirais qu'à être seule et mon dépit hurlait silencieusement : qu'on me laisse tranquille ! Je ne franchirai plus la montagne. Je reste de ce côté-ci. Laissez-moi dormir... »

Mauvaise passe, mais bonne nouvelle

CAROLE SAINT-PÈRE

J'avais commencé à glisser avant même d'en avoir conscience. Puis, le vertige est venu m'aspirer et j'ai lâché prise. J'ai fermé les yeux et je me suis laissée tomber. Sur le coup, je n'ai pas eu mal. Simplement, une grande fatigue s'était creusée en moi ; j'avais échoué mon parcours, c'est tout. Je n'avais plus envie de remonter. J'ai voulu m'endormir.

Au réveil, une douleur diffuse et chaude venait crever en bulles sous ma poitrine. J'ai reconnu le chagrin. J'ai reconnu son immense ombre. Je l'ai senti descendre au fond de moi, creuser des galeries partout dans mon corps et s'y faufiler, ondulant comme un grand serpent, un serpent de chagrin. J'ai refermé les yeux.

Fermer les yeux et dormir. Dormir le jour, tourner en rond la nuit. La nuit ne fait pas peur, puisqu'on n'y voit rien. C'est le jour qui est effrayant, car il impose les êtres et la vie. Et à travers la vitre embuée de mon automne, la vie était ravinée de larmes.

Je ne sais plus à quel moment le film est devenu muet. Sans doute est-ce quand l'effroyable dépit que j'avais voulu ignorer a finalement décanté dans ma tête et mon cœur : à la surface est alors remontée la somme d'énergie dépensée en vain depuis des années. Des années dont je sortais laminée. En cendres. Éteinte. Tous ces efforts déployés, ces années à ramer à contre-courant, à tout porter à bout de bras... Toutes ces montagnes que j'avais soulevées, ces montagnes immenses... Pour rien. À cause d'un grain de sable, rien, jamais, n'avançait. Le grain de sable parti, tout aurait dû devenir plus simple, m'être plus léger ; mais non, je n'avais plus d'énergie. Je m'étais perdue pendant toutes ces années. J'avais oublié qui j'étais. Où donc avais-je brisé mes ailes ?

Je me levais le matin et j'avais mal à l'âme. Je faisais quelques pas et c'est au cœur que j'avais mal. Et le serpent de chagrin se réveillait, il farfouillait dans ma chair, il descendait le long de mes jambes, il se tortillait dans mon cœur. Il m'empêchait de penser, de manger, d'être intelligente. Il m'empêchait d'apprécier l'unique réussite de ma vie : mes enfants. Car c'est à peine si je pouvais les regarder en face : ils me dérangeaient. Je préférais qu'ils s'en aillent. Je ne faisais plus rien. Alors, ils se débrouillaient comme ils le pouvaient, les pauvres. À part boire du thé et grignoter un toast le matin, je n'avalais rien. Je lisais, mais je ne comprenais pas ce que je lisais. Je faisais semblant de lire. Je dormais, pour ne penser à rien. Je *googlais* aussi beaucoup, la nuit, à la recherche de je ne savais quelle révélation. Si le téléphone sonnait, mon cœur bondissait et s'emballait pour plusieurs heures. Tout me dérangeait. Tout le monde me dérangeait. Je n'aspirais qu'à être seule et mon dépit hurlait silencieusement : *qu'on me laisse tranquille ! Je ne franchirai plus la montagne. Je reste de ce côté-ci. Laissez-moi dormir...*

Il y avait une jeune fille, Tami, avec laquelle je m'entendais bien. Tami avait dix-sept ans. Oh ! Bien sûr, on ne se comprenait pas toujours : elle arborait l'intransigeance de son âge, je grimaçais les désillusions du mien. Depuis que j'avais pris mes distances, elle s'inquiétait. De temps en temps, elle venait me voir, passait la tête par la porte entrouverte de ma chambre. Si je ne la regardais pas, elle s'en allait. Si je m'obligeais à lever les yeux, elle me souriait. Elle entrait doucement. Elle me parlait peu, elle savait que je ne pouvais rien entendre. Elle se contentait d'être lumineuse. Petite mignonne qui, un jour, m'avait obligée à manger un peu ! Ensuite, elle avait voulu qu'on sorte et j'étais sortie. Quel exploit... Tami conduisait. On avait acheté trois ou quatre bricoles. En rentrant, j'avais rejoint mon obscurité.

Je rêvais de creuser un terrier pour m'y rouler en boule, tout au fond, dans le noir. Et écouter, dans le silence, tout doucement ployer la vie. Le temps passait, j'attendais le soir. Le soir arrivait, j'attendais la nuit.

Un après-midi, Tami pousse la porte : *tiens, un bon petit thé, bois !* Je me brûle, mais je bois. Elle chuchote presque : *tu sais, je suis allée aux services psychosociaux et je leur ai parlé de toi, je leur ai dit que tu n'allais pas bien. Une dame va venir te voir demain. Elle veut juste discuter avec toi. Tu n'es pas fâchée ?* Je regarde la lumière dans les yeux de ma fille et je pleure. Tami, c'est ma fille et moi, je ne sais plus qui je suis.

La dame est venue. Tout s'est passé gentiment; elle posait des questions, m'a conseillé une hospitalisation. Je voulais bien tout ce qu'elle proposait. Deux jours plus tard, je suis hospitalisée en psychiatrie. *Dépression majeure ? Enchantée, moi, c'est Carole Saint-Père ! Ou plutôt, c'était...*

Enfin, je l'avais, mon terrier ! Il portait le numéro 26. J'étais désormais la « dame du 26 » et j'allais le demeurer près de deux mois. J'y ai fait connaissance de mes faiblesses, j'ai appris à connaître mes chimères, j'ai découvert que me ménager un espace vital, au quotidien, était concevable et même, recommandé. Pendant ce temps et sans que je m'en soucie, Tami menait rondement la maison, seule avec son frère. Il lui fallait élaborer des repas avec très peu d'argent. Elle s'est aussi chargée d'expliquer à plusieurs personnes que non, sa mère ne *se reposait pas* : elle était *malade*.

À Noël, j'ai pu rentrer deux jours chez nous. Tami était heureuse de me recevoir, de s'occuper de moi. Nous avons passé la soirée toutes les deux à bavarder autour du bon petit souper de fête qu'elle avait servi sur une table joliment décorée. Elle a mis de la musique et j'ai gesticulé comme une folle. Elle riait. *Maman se lâche !* Ensuite, Tami s'est montrée très ferme : gare à moi si j'en faisais trop, sauf si c'était pour moi. Et elle insistait : *apprends à penser à toi !*

Puis, dès mon retour définitif à la maison, elle a veillé à ce que j'observe les règles élémentaires de ma métamorphose. Les parents éduquent leurs enfants; Tami entreprenait, tambour battant, la rééducation de sa mère. Sous son exigeante tutelle, j'ai dû m'exercer à accomplir – l'idée ne m'avait jamais effleurée – des prouesses telles que m'accorder du temps et m'occuper de moi : flâner dans les magasins, soigner mes ongles, savourer un chocolat chaud dans un café, me faire dorloter dans un salon de massage, bref, *m'autoriser le superflu*. Le superflu ! Un concept dont j'avais fini par oublier totalement l'existence, tout comme je m'étais moi-même oubliée. Voici quelle était ma découverte : bonne nouvelle, le superflu n'est pas futile ! *S'autoriser le superflu*, c'est se faire plaisir, se reconnaître le droit de *s'apprécier soi-même*... on n'a pas envie de faire plaisir à ceux que l'on n'apprécie pas.

« *Puis, dès mon retour définitif à la maison, elle a veillé à ce que j'observe les règles élémentaires de ma métamorphose.* »

Petite parenthèse : derrière son grand sourire, Tami camouflait ses propres angoisses : son père s'échappait et sa mère venait de muter en zombie. À cela s'ajoutait le désarroi d'une adolescente qui, douze mois plus tôt, avait quitté en famille son pays et ses amis de toujours pour ce nouveau sol québécois où elle ne parvenait pas à trouver sa place, ni même à tisser de vrais liens de camaraderie. Il en allait tout autrement de son frère cadet à qui deux passions, le soccer et la musique, avaient rapidement fourni le *sésame* ouvrant tout grand les portes de son intégration. Or dans l'adversité, Tami s'était si bien accrochée à ses études qu'elle avait reçu six *méritas*, ce qui lui valut d'être conviée à une soirée officielle de reconnaissance, afin d'être récompensée, ainsi que d'autres jeunes, pour sa persévérance et ses mérites. Ce soir-là déjà, un petit bout de mes ailes avait repoussé.

Revenons-en à la bonne nouvelle : j'avais confondu *nombrilisme* et *estime de soi*. Merci Tami, d'avoir dissipé ce grave malentendu qui m'avait conduite à dédaigner ma propre personne. Continue, ma fille, de cultiver cette fierté qui force le respect chez les autres. Je tâche, à mon tour, de faire de même. Car avec le recul et tout bien pensé, c'est une évidence : si je ne prête pas attention à moi, si je ne m'accorde aucune considération, comment pourrais-je en attendre de la part des autres ?

À chaque femme et mère de famille, je dis : faites attention à vous et souvenez-vous s'autoriser le superflu n'est pas être égoïste, c'est se reconnaître au moins aussi importante que les autres et cela s'appelle l'amour-propre.

Bonne nouvelle !

photographie : Zabelphoto

« Notre relation repose maintenant, en grande
partie, sur une complicité féminine qui se situe
au-delà de la connexion mère-fille »

Le temps met un baume sur nos blessures

NATHALIE DAMIEN

À 18 ans, j'ai rencontré le premier homme de ma vie ; mon amour pour cet homme à l'allure d'un *prince charmant* super organisé donnait enfin un sens à mon existence. Quatre ans plus tard, nous étions mariés, avions bâti une première maison et accueilli notre fille, puis notre garçon. À m'entendre, mon quotidien familial était un conte de fées, sauf que…

Sauf que ce conte manquait singulièrement de magie et ne me procurait pas le bonheur que j'avais toujours espéré. Je vivais en effet, sans en avoir conscience, dans l'ombre de mon mari, cantonnée dans mon rôle de mère. Quand donc allait s'épanouir la femme en moi ?

La petite flamme ! Voilà ce qui me faisait défaut : une petite flamme m'était essentielle pour grandir.

Je n'avais jamais pris le temps de faire une introspection de ma vie et les émotions enfouies remontaient fréquemment à la surface. Pour les observateurs, j'avais tout ce dont on peut rêver, mais moi, je m'enfonçais et cette relation amoureuse sans dialogue ni considération me minait de plus en plus. Après neuf ans de vie commune, dont trois ans de doutes et de culpabilisation, j'ai décidé de mettre fin à ce mariage qui ne m'insufflait qu'une pâle illusion de bonheur.

La fin de notre relation se transforma peu à peu en un nouveau départ. Je prenais en effet conscience que, pour atteindre l'équilibre et l'harmonie, je devais trouver *l'autre route* : celle de ma propre vie, celle de me choisir. Oui, la vie était une aventure à construire et non un simple rôle à jouer pour faire plaisir aux autres. Cette révélation allait d'ailleurs me pousser à entreprendre une formation de psychothérapeute pour parvenir à démystifier mes zones d'ombres. Cette démarche s'avérait d'autant plus nécessaire que mes difficultés à m'affirmer et à me considérer déteignaient sur mes jeunes enfants.

S'il est une étape qui a influencé ma vie, c'est bien ce travail d'intériorisation qui, échelonné sur plusieurs années, m'a permis de me découvrir, de réveiller ce qui était mort en moi et de me reconstruire afin de poursuivre mon chemin. Pourtant, certains soirs, j'aurais pris mes jambes à mon cou, tant les émotions qui remontaient me faisaient mal ! Je sortais de ma phase de déni pour mieux grandir et devenir adulte et meilleure mère.

Aujourd'hui, je voudrais rendre hommage à ma grande fille, Sabrina. De mes deux enfants à l'époque, c'est elle qui a vécu mes années sombres et c'est elle que ma décision de divorcer a le plus meurtrie. Elle n'avait alors que six ans et ne comprenait pas pourquoi j'avais quitté son père. En apparence, j'avais abandonné cet homme et celui-ci laissait transparaître ses sentiments d'amertume et de rancune à mon égard. À ses yeux, j'étais fautive : j'avais détruit notre famille. Tout cela nourrissait chez Sabrina un sentiment de colère, tant et si bien qu'au fil du temps, elle finit par adopter le point de vue de son père. Oh! comme son jugement me pesait. Pouvait-elle comprendre mes choix? Malgré mes efforts pour lui prouver mon affection et lui expliquer les circonstances, je la sentais s'éloigner et, même, se rebeller. Elle souffrait en silence et paraissait nous avoir fermé son cœur.

Quand, à quinze ans, elle m'annonça qu'elle préférait aller vivre chez son père, j'en éprouvai une douleur inouïe. Sabrina traversait une période de remise en question sur tout, ses relations, sa vie chez moi, et son père semblait en avoir profité pour l'influencer. Cependant, mon cheminement thérapeutique avait modifié mon attitude, désormais basée sur une nouvelle confiance en moi et une plus grande ouverture sur les autres. Ma vie personnelle, familiale et sociale s'en trouvait aussi transformée. J'ai donc su accepter la décision de Sabrina : j'ai respecté ses choix et je n'ai pas cherché à l'influencer.

Quelle douloureuse période! Ma fille n'avait pratiquement plus le désir de venir chez moi. Même un simple souper semblait la déranger. Toutefois, je ne lui ai pas fermé mon cœur et j'ai tenu à lui monter que j'étais toujours là pour elle. Dans une lettre, elle m'a alors expliqué combien sa démarche avait été difficile. Elle disait bien aller, même si la présence d'une maman lui manquait, malgré sa belle mère : rien n'est comparable à l'amour d'une maman.

Ce choix qu'avait fait Sabrina s'est avéré déterminant, autant pour elle que pour moi. Elle a appris à évaluer par elle-même les gens de son entourage, à affirmer ses propres opinions en s'affranchissant de celles des autres. Après dix-huit mois d'absence, elle est revenue vivre chez moi et, à présent, elle est d'une grande maturité pour ses dix-sept ans, capable qu'elle est de prendre sa vie en main. Aujourd'hui, alors que la fin de ses études secondaires la propulse dans le monde des adultes, je salue l'équilibre qu'elle démontre par ses choix.

Depuis le recul imposé par l'éloignement de Sabrina, je suis davantage à l'écoute de ses émotions. Paradoxalement, cet éloignement nous a permis de nous rapprocher. Notre relation repose maintenant, en grande partie, sur une complicité féminine qui se situe au-delà de la connexion mère-fille. Nos deux cœurs y ont découvert le dialogue dans un climat de grand respect.

Je sais que, parfois, les filles vivent dans l'ombre de leur mère. Sabrina, tu as ta propre personnalité et ce sont tes propres défis que tu dois relever. J'admire ta détermination et je souhaite que tu trouves ta propre voie en utilisant au mieux ton potentiel. Nous avons chacun nos faiblesses et nos moments d'hésitation et c'est à travers eux que nous apprenons à vraiment nous dépasser. Parfois, il nous faut reculer pour mieux avancer... Et seul le temps nous guérit de certaines blessures.

Aujourd'hui, je suis une thérapeute du cœur, une maman vivante de trois merveilleux enfants et une conjointe radieuse.

Merci à toi, Sabrina; garde ton cœur ouvert et continue de t'épanouir, car chaque jour, tu embellis ma vie.

153

photographie : Sylvie Poirier

« J'avais ma première leçon, celle de ne pas avoir d'attentes et d'accueillir les événements comme ils se présentent. »

JE L'AIME TOI !

MIREILLE BOURQUE

Je me souviens encore de ce matin du 3 février, le soleil n'était pas encore levé et ma petite princesse, elle, était prête à voir le jour. Je vivais dans l'intensité du moment, harmonisant ma respiration aux battements du cœur de mon bébé. Nous étions déjà à nous accompagner, chacune à sa façon, pour faire le passage : Carolina, celui à la vie et moi, celui de devenir maman.

Elle n'a pas pleuré à sa naissance. Elle était épuisée et moi aussi. Je revois encore ses grands yeux qui m'ont regardée une fraction de seconde avant que l'infirmière ne l'amène en observation, ses signes vitaux étant faibles. Son regard était intense, ses yeux remplis d'amour et de reconnaissance. Moi, j'étais perdue, ne comprenant pas ce qui se passait. Je me demandais si ma fille allait vivre et je me sentais responsable de son état. J'étais confuse. Quelle expérience ! Moi qui m'étais imaginé qu'à sa naissance, on la déposerait dans mes bras, que je pleurerais de joie et qu'en regardant son joli petit visage, nous allions choisir son nom. J'avais ma première leçon, celle de ne pas avoir d'attente et d'accueillir les événements comme ils se présentent.

Déjà, à sa façon, ma fille m'inspirait de revoir mes priorités, soit de ralentir mon rythme et de faire confiance à la vie. Elle m'apprenait ce qu'est la magie de la vie par ses premiers gazouillements, ses premiers sourires, ses premiers pas. Voir ce petit être déterminé apprendre rapidement, s'émerveiller et s'épanouir. J'étais loin de me douter que sa venue aurait un si grand impact sur moi, car ce que je croyais être le passage d'une vie de femme de carrière à une vie de maman s'est avéré en fait un retour à la source. La naissance de ma fille a déclenché en moi les systèmes de croyance que je m'étais forgés depuis ma tendre enfance, tels que : peur de ne pas être à la hauteur, peur de me tromper, croire que les autres savent mieux que moi ce qui est bon et j'en passe ! Je réalisais de plus en plus que la confiance que j'avais acquise avec les années était fondée sur une image et un rôle que je m'étais donnés de la femme parfaite.

J'étais mariée depuis cinq ans, j'avais une carrière de douze ans au sein d'une compagnie internationale, avec un salaire respectable. Je dois avouer que je suis tombée de haut ! J'avais un deuil à faire et j'ai eu à me redéfinir. Je ne pouvais plus jouer de rôle. Me retrouvant à travailler à temps partiel, au salaire minimum, comme réceptionniste, mon orgueil en a pris un coup et mon portefeuille aussi ! Malgré cela, j'étais déterminée à être une maman parfaite et heureuse d'offrir à ma fille ma présence.

Vous ai-je dit que je voulais être une maman parfaite ? Et voilà la formule gagnante pour atteindre l'imperfection ! Programmée pour la performance, comment ne pas exiger la perfection ? Inconsciemment, je projetais mes propres souffrances sur ma fille, ce qui influençait mon jugement et me faisait vivre beaucoup de culpabilité.

Puisque ma détermination à être parfaite était si profonde, je me suis inscrite à des ateliers de développement personnel, initiée au tai-chi et de fil en aiguille, je me suis retrouvée à faire une formation en massothérapie et en naturothérapie. C'était le début d'une grande aventure avec Carolina, car elle a suivi mes pas tout au long de mon apprentissage.

Carolina m'inspira à faire de la magie, à m'amuser dans mon travail. Ma façon de masser s'en trouva transformée. Mes clients sortaient de ma salle de massage dans un profond état de bien-être. Mon petit ange, dans sa pureté et son innocence, m'a aidée à retrouver mon cœur d'enfant avec l'émerveillement, l'imagination et l'intuition que j'avais mis de côté depuis plus de trente-cinq ans.

Ma fille m'a démontré dès son jeune âge sa grande sagesse. Par exemple, un après-midi, alors que j'étais particulièrement impatiente, Carolina me regarda et me dit avec son grand sourire : « Je l'aime toi ». Cette petite phrase a eu un effet magique et, depuis ce temps, à chaque fois que je l'entends, c'est comme une douce musique qui vient envelopper tout mon être. Elle me permet de prendre conscience de ce qui m'habite et m'accueille dans un amour absolu. Quelle belle leçon ! Je prends encore une fois conscience que ma fille a beaucoup à m'apprendre.

Un autre beau cadeau est aussi venu de Carolina. Alors que je me demandais tout haut pourquoi je passais mon temps à nettoyer les planchers, ma fille me répondit : « C'est normal, maman, tu es Cendrillon ! » Je me suis amusée à raconter cette histoire à mon entourage, fière d'annoncer que j'étais Cendrillon !

Une amie m'a fait réaliser que cette image de Cendrillon avait un lien avec une croyance qui était ancrée bien profondément en moi : celle de ne pas être digne. Cette croyance, je l'ai portée comme les vieux vêtements de Cendrillon. Pourtant, Cendrillon était une princesse, peu importe le vêtement qu'elle portait, car sa dignité était son identité réelle. Aujourd'hui, j'ai choisi de revêtir ma robe de princesse, car je sais maintenant que je suis digne ! Digne d'être une amie, une enseignante, une massothérapeute, une artiste et, bien sûr, une maman !

Ma belle Carolina d'amour, je suis honorée d'être ta maman pour partager avec toi cette belle aventure qu'est la vie. Tu m'as inspirée à laisser rejaillir le meilleur de moi-même, à dépasser mes peurs, mes croyances et mes conditionnements pour enfin renaître dans une toute nouvelle conscience : celle d'ÊTRE. Je retrouve ma voie pour me réaliser pleinement dans ce que je suis.

L'amour, la paix, la joie et la dignité m'habitent. Merci mon ange.

Je l'aime toi !

Maman

« *Je prends encore une fois conscience que ma fille a beaucoup à m'apprendre.* »

photographie : Zabelphoto

La loi du retour

MARIE-LISE PILOTE

Ce furent les femmes qui comprirent en premier.
Elles comprirent qu'on ne doit cultiver sans semer,
que la terre doit recevoir pour donner.

Alors sans bruit ni éclat elles sont sorties pour mener le combat.
Une lutte sans bombe, seulement que des voix.

Elles ont pesé leurs mots autant que leur pas,
laissant sur leurs passages perles, rubis et grenats.

« On ne doit plus gaspiller ;
un toit, de l'eau et de quoi manger pour toi et moi. »

Elles ont réalisé qu'une voix de femme est douce
mais que mille voix de femmes, c'est fort !

Alors, elles se sont rassemblées pour le bien de la collectivité
et finalement, on les a écoutées.

Aujourd'hui chacun vit dignement, la terre a retrouvé son feuillage
et les races ne s'éteignent plus.
L'eau coule à torrent, l'air est frais et les glaciers ont survécu.

Si, comme je le crois, la visualisation fonctionne vraiment,
j'aurai par ces paroles et cette image,
semé dans le cœur de celles qui suivent
le goût du vrai et du partage.

Rêvons la même histoire pour qu'elle se réalise...

La peinture de la page 158 est l'œuvre de Marie-Lise Pilote

photographie : Laurence Labatt

HOMMAGE À CELLES QUI SE RECONNAISSENT

C'EST LA PREMIÈRE ÉTAPE POUR ÊTRE EN MESURE DE RECONNAÎTRE LES AUTRES PORTEUSES D'HUMANITÉ!

« L'amour c'est la présence, le face-à-face ; le reste est désir. »

[Rina Lasnier]

« Miroir, miroir, puisses-tu à jamais ouvrir mes yeux afin que je puisse voir éternellement ce reflet de moi qui brille enfin ! »

Quatre reflets de moi !

JULIE VIGNEAULT

Nous y voici. Moi face à moi. Moi, décidant impudiquement de me choisir parmi toutes celles qui, un jour ou l'autre, ont fait escale dans ma vie. Moi, fragile cœur de papier qui s'inquiète de ne pas froisser celui des autres. Moi et ce torrent d'encre noire qui coule dans mes veines, dessinant pour le buvard des regards, les esquisses de ce que je suis aujourd'hui devenue. Moi, face à l'ultime de ma propre destination où, après un périple de près de 35 ans, je dépose quelques instants mon bagage pour vous faire découvrir les pierres précieuses qui ont construit en moi un grand inukshuk de ressources.

Je m'ancre dans les événements de la vie comme autant de voiliers de synchronicités. Je porte sur le monde un regard différent qui, lors des grandes tempêtes, force ma voile à claquer fièrement dans l'adversité. Durant les dernières années, j'ai d'ailleurs dû apprendre à naviguer avec l'absence de certains membres de mon équipage. Certes, le spectre d'un naufrage émotif hantait inlassablement mon vaisseau. Or, en dépit des violents tsunamis qui tentaient de briser ma coque, j'ai réussi à apprivoiser le mal de *mère*. Contre vents et marées, je gardais le cap, cultivant la foi quasi indéfectible du roseau ; si je pouvais plier, jamais je ne briserai.

J'affrontais ainsi les tempêtes les unes après les autres jusqu'au jour où l'océan, gonflé d'orgueil et d'incompréhension, éclata en milles embruns de tristesse. Bien à l'abri dans ma nacelle, à mille lieues de l'œil sauvage de cette tourmente aux victimes injustement choisies, j'ai appris, ce jour-là, qu'il y existe des forces bien plus grandes que soi. Qu'il y a, sous la mer, des baleines qui chantent secrètement l'espoir afin de protéger l'enfance d'être avalé par le gouffre sans fond des mondes adultes. Que les marées reviennent inlassablement en une seconde chance alors que, faisant fi des vents terribles, elles redéposent la vie, indemne, sur les berges de l'inattendu.

Certes, depuis, j'ai pris conscience de la fragilité de mes pas sur les sables mouvants. Je sais désormais que malgré la sensation d'être submergée par le doute et l'angoisse, c'est en gardant la tête bien haute que l'on peut toujours voir loin devant soi. Voilà pourquoi je te salue bien bas, cher capitaine de mon âme, car c'est à toi qui as su savamment gouverner ce que je croyais indomptable en moi, que reviennent aujourd'hui les rutilants gallons du courage.

Si ma mère m'a enfantée, c'est Vivaldi qui, par un jour de printemps, m'a mise au monde. Au rythme de ses quatre saisons, j'ai senti germer en moi les premiers bourgeons de racines littéraires qui, depuis, n'ont cessé de croître en moi. Elles ont grandi tant et tellement qu'elles ont trop vite fait de moi un grand baobab sur la planète des mots. Il eut certes été facile de m'amuser du dessin des ombres du pachyderme horticole sur ma terre fragile. Or, je perdis bien vite le contrôle des proses et des alexandrins, laissant ainsi de lourdes racines envahir mon fragile cœur volcanique prêt à éclater aux moindres soubresauts d'inspirations.

Après avoir tenté en vain de calmer la fougue de mes germes poétiques par une escale dans le monde aseptisé du journalisme, je dus reconnaître qu'il me fallait prendre, pour les beaux mots, les grands remèdes. Je choisis donc de troquer mes élans poétiques pour la syntaxe informatique, installant ainsi métaphoriquement mon campement dans les contrées les plus prosaïquement désertiques de l'univers.

Mon séjour dans le désert dura un peu plus d'une décennie. Contre toutes attentes, je m'accommodai plutôt bien du silence. Jour après jour, il m'offrait un refuge, une muraille qui m'évitait une exposition prolongée aux autres. Grâce à lui, à travers lui, je réussis ainsi à modeler mes émotions en une splendide et rarissime rose des sables. Rien ne pouvait plus pousser au cœur de cette courbe fantaisiste du roc. Rien, pas même l'amour.

Or, si j'avais accepté la sécheresse allégorique des lieux, j'avais pourtant sous-estimé l'un de ses facteurs plus sournois : la chaleur. En dépit de toutes mes précautions, c'est elle, sous sa forme la plus humaine, que je finissais toujours par ressentir. De coup de soleil en coup de foudre, ma carapace finit donc par céder. Des larmes nouvelles ruisselèrent ainsi jusqu'aux tréfonds de ma fleur, lui offrant l'oasis de sa résurrection.

C'est en laissant émaner le parfum de ma rose que j'ai compris la nature véritable de ma poésie. Évidemment, ce qui devait arriver arriva. En se gorgeant d'émotions et de passion pour les êtres et les choses, la rose redevint un baobab. Or, je ne crains plus d'être envahie car, je cultive désormais mon essence par l'essentiel. Voilà pourquoi j'offre aussi, bien humblement, à l'Arlequin qui vit en moi, la magnifique et unique rose de la créativité.

Pour évoluer, il me faut comprendre. Il me faut repousser les limites de la synchronicité jusqu'aux confins de la «synchro-nécessité». Pour chacun des événements, j'ai donc un besoin vital de saisir l'essentiel du message qu'il transporte. Pour moi, rien n'arrive pour rien. En fait, c'est Lavoisier qui a un jour, sans le savoir, écrit la devise de ma vie : «Rien ne se perd, rien ne se crée, tout se transforme».

Certes, bien que scientifiquement prouvée, il s'agit surtout pour moi d'une croyance très solide qui a pris toute sa force (et la prend encore) lors de mes nombreux périples dans la vallée des Guerriers de l'Immobile. Jadis, je me souviens d'ailleurs d'avoir fait partie de leur clan. Comme eux, face à un choix, j'érigeais, pendant des jours, des semaines, des mois parfois, un véritable siège de stagnation.

« *Rien ne se perd, rien ne se crée, tout se transforme* »

Bien que fort peu agréable, mes séjours en terres d'immobilisme m'ont permis de mieux analyser leur réalité. Leur comportement constitue donc une conséquence logique de leurs apports énergétiques au quotidien, leur nourriture étant essentiellement composée d'inconforts connus. Ainsi, malgré les opportunités, les coups de grâce et les intentions de la vie, les Guerriers demeurent confortablement paralysés par la peur du changement. Ils s'accrochent ainsi à leurs valeurs, leurs croyances, leur spiritualité même, comme à autant de bouées, aux antipodes d'un réel sauvetage.

Personnellement, j'ai un jour choisi de livrer respectueusement et pacifiquement bataille aux Guerriers de l'Immobile. Depuis 2003, je me suis donc donné la mission, non pas de les anéantir, mais bien d'ouvrir la carte de leur territoire. Je fonde l'espoir que ma vaillante contribution leur permettra, les uns après les autres, de voyager ailleurs, vers des contrées beaucoup plus fertiles en bonheurs quotidiens. Voilà pourquoi j'offre finalement à mon « DoCoeur », le noble prix de la persévérance et de l'empathie. Puisses-tu panser encore tes blessures pour mieux reconnaître celles des autres.

Nous y voici. Moi, ayant fait trois fois le tour de moi. Moi, ayant plongé mon regard dans l'absolue nécessité d'être moi-même face à vous mais surtout face à moi. Moi qui, comme dans les contes de fées, ai fait trois souhaits devant le grand miroir de la vie. Et, puisque j'aime bien les fins heureuses, pourquoi ne pas m'en accorder un dernier : « Miroir, miroir, puisses-tu à jamais ouvrir mes yeux afin que je puisse voir éternellement ce reflet de moi qui brille enfin ! »

photographie : Sylvie Poirier

Mot de la fin

GENEVIÈVE YOUNG

Se reconnaître, c'est à la fois se dire, se souvenir, se rappeler, mais c'est aussi s'apprécier, s'identifier et s'aimer. Parce que la vie s'apprend en vivant nos expériences, en les partageant, alors, il est possible de se réaliser pleinement et de goûter à son plein potentiel lorsqu'on habite vraiment en soi-même. C'est le premier degré de l'éveil, la porte d'accès au bonheur. Il est ensuite facile de tendre la main, de s'ouvrir aux autres, de travailler collectivement, sans peur de perdre sa place, pour affirmer son authenticité et sa créativité. Parce que chacun est unique, toute chaîne humaine devient une source incomparable d'enrichissement humain. Le mouvement que j'ai mis en place m'en fait la démonstration chaque jour. Et j'aime ça! Ma soif de partage ne fait que grandir.

Pourquoi m'abreuver à cette fontaine? En côtoyant des femmes qui se reconnaissent et qui reconnaissent les autres, qui savent communiquer leur enthousiasme et baliser la route pour celles qui les suivront, je suis devenue un maillon solidement soudé aux vôtres; ma confiance en moi grandit et se renforce. Nos combats et nos conquêtes sont tous différents mais notre engagement n'est plus solitaire. Je suis consciente qu'une nouvelle dimension s'est ajoutée à ma vie et je voulais que d'autres personnes puissent toucher du doigt cette réalité. Ce livre en sera la preuve et l'outil, la fleur et la semence. J'ai voulu véhiculer nos messages et ainsi permettre à d'autres d'ouvrir leurs ailes et de s'envoler. Car je crois que le meilleur est en chacun de nous. Il suffit de le reconnaître!

La reconnaissance de la féminité s'allie à la masculinité parce que ces deux énergies se complètent et ne font qu'une. La fusion repousse les limites de toute compétition entre homme et femme. Il n'y a pas une lutte entre le noir et le blanc. Nos différences et nos particularités se soudent en leur centre, pour que la vie germe et grandisse. Cette phrase me ramène à mon propre dilemme. J'ai longtemps été tiraillée entre mes origines mixtes: suis-je noire ou blanche? Pourtant, j'ai été victime de discrimination dans un milieu comme dans l'autre. C'est en reconnaissant que je portais les deux caractéristiques, et que les deux formaient un tout-MOI, que cette bataille intérieure a cessé.

J'ai compris que la dualité n'est pas un problème qu'il faut résoudre: c'est une intégration qu'il faut harmoniser. Homme et femme, blanc ou noir, adulte et enfant, nous sommes faits d'un alliage si spécifique que notre unicité est une force, mais personne ne survit sans fusion, sans alliance, sans métissage de sang, d'idées et de valeurs. Ce maillage forme la force créatrice inscrite dans notre identité, cette même force qui nous permet de porter un enfant comme si chaque femme portait en elle l'humanité. De la première cellule de vie, du premier humain jusqu'à ce bébé du troisième millénaire qui naît, un seul et même fil assure la permanence de l'existence. Chaque vie est la prolongation des vies précédentes qui se construit dans le sein d'une femme.

S'intérioriser, se considérer et s'accompagner passent par l'acceptation de sa féminité. Je souhaite que notre monde se porte mieux, et, pour ce faire, nous devons équilibrer l'énergie féminine et masculine présente dans chaque Être afin que grandisse encore notre solidarité créatrice.

Porteuses d'humanité

Vivre sa féminité
C'est savoir s'intérioriser
Se regarder droit dans les yeux
Et se souvenir de nos aïeux

Lorsque chaque Être se reconnaît
Plus besoin d'être aux aguets
Nulle crainte, nulle peur
Enfin apparaît la lueur

Vivre sa féminité
C'est déployer sa créativité
En goûtant à son potentiel
La vie nous donne des ailes

Faites fi de la compétition
Élargissez vos horizons
Il est temps de se libérer
Des schémas qui nous ont limitées

Pour poursuivre notre lignée
Dans un esprit de solidarité
Continuons de porter l'humanité
En y ajoutant une touche de féminité

photographie : Sylvie Poirier

CELLES
QUI ONT
COLLABORÉ
À CE PROJET

« *La pierre n'a point d'espoir d'être autre chose que pierre. Mais de collaborer, elle s'assemble et devient temple.* »

[Antoine de Saint-Exupéry]

Isabelle Gauthier

PHOTOGRAPHE PROFESSIONNELLE, CMPQ

Participer à ce livre m'a fait réaliser à quel point les femmes sont fortes. Je suis époustouflée de constater cette force intérieure qui peut tout simplement déplacer des montagnes. Qu'elles soient en charge d'une famille ou d'une entreprise, pour moi, c'est du pareil au même. J'admire ces femmes qui se réalisent pleinement tout en restant équilibrées.

Je les admire parce qu'elles foncent dans la vie, elles n'ont peur de rien (ou enfin, elles ne le montrent pas trop). J'aime ces femmes qui vont jusqu'au bout de leurs rêves.

Dans chaque belle famille, il y a un grand homme et une grande femme. Et dans ce livre il y a de grandes femmes. J'ai adoré mettre en image leurs histoires. Ces photos, je les ai réalisées en y mettant tout mon cœur et j'espère avoir réussi à faire ressortir la beauté de l'âme de chacune de ces femmes.

Les récits des femmes que j'ai rencontrées au cours de l'écriture de ce livre témoignent de la grande solidarité qui existe entre femmes. Cet esprit d'entraide m'a beaucoup touchée et m'a beaucoup inspirée.

Mesdames, prêtez ce livre aux hommes qui vous entourent. Certains apprendront de ce livre tandis que d'autres pourront s'en inspirer.

Merci Geneviève de m'avoir impliquée dans cette grande aventure. J'en sors grandie et encore plus fière d'être une femme.

Zabel Photo
668, rue Giraud, Laval (Québec) H7X 3J3
CANADA

t 514-726-3055

e info@zabelphoto.com
w http://www.zabelphoto.com

Studio Sylvie Poirier
1072, rue Gilles, Laval (Québec) H7P 4T2
CANADA

t 450-625-9405
c 514-952-3643

e info@sp-photographe.com
w http://www.sp-photographe.com

Sylvie Poirier
PHOTOGRAPHE

« C'est un beau projet et j'ai confiance en toi ! », c'est la première réponse qui m'est venue en tête lorsque Geneviève m'a demandé de participer à ce livre. En y réfléchissant davantage, j'ai réalisé que c'était un défi incroyable, une opportunité de démontrer ma créativité mais, encore plus, une occasion de sortir de ma zone de confort et de repousser mes limites.

Photographe depuis mon adolescence, à 38 ans j'ai fait un changement de carrière et j'ai réalisé le rêve de vivre de mon art. Je le fais depuis maintenant onze ans. Ce rêve, il faut le nourrir et l'aider à grandir. Il faut se réinventer constamment, créer des images qui représentent bien les gens, et ceci, en étant respectueuse de leurs besoins et de leurs attentes.

C'est dans cette optique que les images de ce livre ont été créées. J'ai pris le temps et le soin de lire chaque texte. J'ai travaillé conjointement avec chaque auteure pour trouver une image et un endroit qui représentent bien le contenu de leur texte. Pendant quelques semaines, ça m'a permis de devenir en quelque sorte un globe-trotter, de parcourir les Basses-Laurentides et d'y découvrir plein de femmes inspirantes.

Ce projet, Geneviève, tu me l'as donné sur un plateau d'argent. J'y ai mis toute mon énergie et l'amour pour ce métier que j'aime tant !

Merci mille fois, Geneviève Young, de m'aider à me surpasser !

Caroline Rochefort

CONSEILLÈRE EN COMMUNICATION VISUELLE

Lorsque Geneviève m'a proposé de l'aider à réaliser la conception graphique de son livre, je n'ai pas hésité une seconde à accepter. Ce projet me donnait l'occasion de mettre de la lumière sur un beau et noble message porteur d'humanité.

Un livre qui rend hommage aux femmes, c'est mettre de l'avant l'amour, la douceur, le réconfort, la beauté, la tendresse, tout ce qui constitue la féminité que nous portons en nous, comme si on vivait un espace intemporel de bien-être. Et quand je prononce le mot féminité, je pense à ma mère, Ursule Pouliot. Elle a fait partie des pionnières au Québec qui ont milité afin que les femmes aient leur place au soleil, le droit à leur plein épanouissement et le droit de parole égal à celui de leurs complices, les hommes. La règle d'or et la plus grande leçon que ma mère m'a transmises, c'est de toujours faire ce qu'on aime... ce qui a été le leitmotiv de ma vie et que j'entends transmettre à mes enfants.

Merci Geneviève de m'avoir incitée à donner le meilleur de moi-même et de m'aider à me propulser vers ma pleine réalisation. Grâce à ce livre, ce fut le moment idéal pour moi de mettre à profit mes talents, mes aspirations et ma féminité et de me réaliser davantage dans mon entreprise de création. Merci également à ma collaboratrice Julie Fortier qui a su concrétiser visuellement nos idées. Une belle façon de rendre hommage à toutes ces femmes porteuses d'humanité vers la naissance d'un monde merveilleux, comme lors de la naissance d'un enfant et lors de la naissance de toute vie !

Amour, vie, créativité et joie !

Oxygène Création
61, De Tracy, Blainville (Québec) J7C 4C1
CANADA

t 450-939-2444
c 514-774-9796

e info@oxygenecreation.com
w http://www.oxygenecreation.com

Julie Fortier
DESIGNER GRAPHIQUE

Selon moi, il n'y a rien de pire que de tomber sous le joug du syndrome de la page blanche surtout lorsque l'on me demande de répondre à une question aussi importante que : «*Pourquoi est-ce important pour toi de collaborer à ce livre ?*» Car, disons le, je ne suis pas écrivaine. Ma force à moi se situe davantage au niveau du visuel, de la mise en page et de la création graphique en général.

Ainsi, lorsque que l'on m'a approchée pour le projet du livre de Geneviève, j'ai été tout de suite emballée à l'idée de relever un nouveau défi personnel. Il s'agissait pour moi d'une chance non seulement de me surpasser mais, également, d'une opportunité de sortir de la routine créative quotidienne. Car, contrairement à la croyance populaire, même les créatifs peuvent tomber dans le piège de la routine !

Par la suite, Geneviève, l'instigatrice du projet, a su m'expliquer plus en détail sa vision du livre. J'ai alors été charmée par son énergie contagieuse et par les valeurs véhiculées par la collaboration de toutes ces femmes. Par la lecture des textes de mes collègues, je découvre des facettes inexplorées de moi-même. Ce livre est donc devenu, au fil du temps, une sorte de guide, de mentor. J'y apprends une foule de choses et, parmi celles-ci, la force d'enfin pouvoir rendre hommage à mon travail et à la complexité de celui-ci.

Une collaboration à l'image de nos vies, pleines de joies, de peines, d'obstacles et de dépassement de soi. Je prends une minute pour rendre hommage à toutes celles qui ont permis à ce livre de voir le jour. Un projet épique, une aventure unique, un projet pour nous rendre hommage à nous toutes.

Toutes pour une et une pour toutes.

Feniks Design
3514, rue Boisclair, Boisbriand (Québec) J7H 1L2
CANADA

t 450-818-3940

e info@feniks.ca
w http://www.feniks.ca

Chantal Léveillé

ARTISTE PEINTRE

Lorsque Geneviève m'a demandé de faire une toile pour illustrer la page couverture de son livre, j'ai été très touchée et j'ai tout de suite été emballée par ce beau projet et très heureuse d'en faire partie.

Une belle occasion de prendre le temps de s'arrêter afin de saluer ces femmes importantes dans notre vie.

Je pourrais vous parler longtemps de ma magnifique maman qui a été pour moi une inspiration sans fin... Elle est partie trop vite mais elle m'a légué une partie d'elle-même. Je la porte toujours dans mon cœur.

Nous sommes guidées tout au long de notre vie, souvent de façon inconsciente, par des femmes extraordinaires. Celles qui nous ont inspirées, souvent ne le savent même pas, mais elles réussissent à éveiller une parcelle de nous-mêmes. Reconnaître ces personnes, c'est d'abord se faire un beau cadeau et ça représente une réelle différence dans notre épanouissement.

Je crois que nous sommes tous un maillon important de cette grande chaîne humaine. Plus vite nous atteignons notre pleine réalisation, plus vite nous aurons la capacité d'aider autour de nous. Quelquefois nous avons tendance à l'oublier.

Merci à Geneviève de nous inspirer par ses projets et son cheminement et de nous pousser à donner le meilleur de nous- mêmes.

Bravo !

Chantal Léveillé
Artiste Peintre

t 514-497-8890

e leveille.art@videotron.ca
w http://www.chantalleveille.com
b http://leveille-art.blogspot.com

Chantale Corbeil

ARTISTE MAQUILLEUSE

Prendre du temps pour toutes les femmes qui ont oublié qu'avant d'être mère, conjointe et amie, elles sont avant tout des femmes! C'est ce que je préconise dans mon travail. Étant artiste maquilleuse, je travaille à mettre en lumière la femme par le maquillage et non à la camoufler. Aller chercher le positif de la personne, lui faire voir que sa vraie beauté, c'est son authenticité. Lui apprendre à manipuler les fards avec un angle d'acceptation de soi et, du même coup, l'inciter à prendre du temps pour elle.

Collaborer à un livre qui rend hommage aux femmes fait honneur à mon métier et le rend plus significatif. Selon moi, le monde ne serait pas le même sans la féminité.

Voici un poème que j'ai écrit et qui m'a été inspiré par «Une femme est l'amour» de Gérard de NERVAL (1808-1855). Ce poème représente en grande majorité ma clientèle au quotidien, avec qui j'ai le privilège de partager des moments de détente dans ce monde mouvementé. Naître fille, grandir femme, voilà un grand défi de vie, mais ô combien enrichissant! À vous, femmes de cœur, femmes de passions, merci d'exister!

Être une femme, c'est tout un art
Il faut souffler le chaud, le froid et entretenir la flamme
Savoir être une épouse naturellement dévouée
Et en même temps, une mère disponible et jamais fatiguée

Connaître les joies et les soucis de chacun
Veiller sur le bien-être et le bonheur collectif
Être la confidente discrète et attentive

Une femme est l'amour, la gloire et l'espérance
Aux enfants qu'elle guide, à l'homme consolé
Elle élève le cœur et calme la souffrance
Comme un esprit des cieux sur la terre exilé

Dans ce siècle de paraître où la gloire est incertaine
Bien longtemps à l'attendre, il faut commencer à s'accepter
Mais qui n'aimerait pas, dans sa grâce sereine
La beauté qui lui donnera une assurance éclatante

L'assurance d'être en partie qui elle est dans son authenticité réelle

Studio Pure Couleur
248C, boulevard Labelle, Rosemère (Québec) J7A 2H4
CANADA

t 450-434-3553

e studio@purecouleur.com
w http://www.purecouleur.com

Gaétane Vincent

COMMUNICATIONS/RELATIONS PUBLIQUES
RELATIONS DE PRESSE/GESTION D'ÉVÉNEMENTS

Un jour, j'ai lu quelque part que Sœurs veut dire toutes les Femmes... vos amies, vos filles et toutes les femmes apparentées aussi... Alors que le temps et la nature changent la femme au fil des ans, les Sœurs deviennent, pour leur part, un peu plus un soutien dans leur vie. Vos Sœurs sont là, peu importe le temps et la distance entre vous.

Durant toute ma vie, les femmes ont été la source de mon énergie, de mes joies et de mon inspiration. Elles ont également été à l'origine de mes peines, de mes larmes et de mes peurs. De ma grand-mère, ma mère, ma fille, mes deux sœurs, sans oublier toutes mes amies dévouées, fascinantes, passionnées et attachantes, chacune d'elles a su me prouver que naître femme n'était pas une malédiction.

Le monde ne serait pas pareil sans les femmes, et moi non plus. C'est dans cet esprit que l'aventure de livre collectif en hommage aux femmes m'a séduite. Toutes ces femmes qui ont décidé de raconter un peu leur histoire, de mettre à nu leurs souvenirs, leurs émotions. Aucune d'entre nous ne pouvait imaginer les joies ou les peines que nous allions rencontrer. Nous n'imaginions pas combien nous allions avoir besoin les unes des autres.

Toutes ces femmes, perles rares, celles que j'avais à peine croisées au détour d'un déjeuner. Un regard, un sourire, un mot. Toutes ces femmes m'ont inspirée des élans de beauté, de respect et de reconnaissance. Elles n'auront pas juste fait que passer, elles deviendront ainsi des incontournables qu'on ne peut ni ne veut oublier. Elles vous feront découvrir leurs opposés, savourer leurs mystères, nous enrichir de leurs différences, de leurs secrets.

Avec toutes ces femmes qui marqueront désormais notre présent et notre avenir, je suis très honorée de faire partie de cette aventure collective.

Gaétane Vincent
Communications/Relations publiques
Relations de presse/Gestion d'événements

t 450-682-2085
f 450-682-8831

e vincent.gaetane@videotron.ca

Carole Saint-Père

RÉDACTRICE-RÉVISEUSE

Exister pour les autres, seulement pour les autres : voilà le danger vers lequel nombre de femmes foncent, tête baissée. Depuis plusieurs années, Geneviève Young aménage des espaces où la solidarité féminine entretient en nous la petite flamme de fierté propre à déjouer les mécanismes de tels pièges. Cette voie, dans laquelle Geneviève chemine avec bonheur, l'a tout naturellement conduite à imaginer un livre collectif démontrant aux femmes qu'elles doivent oser, puisqu'elles peuvent réussir.

En me proposant de collaborer à ce projet énergisant, Geneviève m'offrait un superbe cadeau : impossible d'y renoncer !

Le servage légal de la femme paraît déjà, chez nous, remonter à la préhistoire ; nous tenons inconsidérément pour acquis le droit de nous exprimer et notre liberté d'agir. Mais gardons-nous d'oublier d'où nous venons...

Nous venons de la barbarie. Et à nos portes, la tyrannie reste à l'affût, persévérante et déterminée. Enhardie par nos incertitudes, elle se nourrit de nos hésitations. Elle n'hésite pas à maquiller ses dogmes en considérations pseudo-philosophiques ou à les voiler sous d'humbles symboles religieux. Elle réclame des droits qu'elle honnit, en invoquant des valeurs qu'elle piétine.

Nous devons rester extrêmement vigilantes, si nous comptons continuer d'occuper pleinement notre place : celle que nos aïeules ont si chèrement conquise en osant défier, sous les crachats et les injures, les bien-pensants de leur époque.

Car en chacune de nous aussi, la tyrannie tente de se faufiler, s'efforçant de regagner sa chaire : combien sommes-nous à lacer encore étourdiment, jour après jour, le corset qui nous étouffera ensuite ? Combien d'épouses et de mères bâtissent elles-mêmes la prison aux murs transparents derrière lesquels, parce qu'elles peuvent voir le monde, elles sont persuadées d'être libres ?

La mauvaise passe que je décris dans ce livre est, somme toute, bien banale, mais le recueil ne vise pas à souligner d'exceptionnelles épreuves, ni à livrer d'extraordinaires témoignages. Il entend plutôt saluer des inconnues dont la générosité et l'énergie ont aidé d'autres femmes à pousser des portes, en leur redonnant le goût d'avancer. La lecture de ces récits contribuera peut-être à faire sauter des verrous, à susciter la hardiesse et à encourager des initiatives salvatrices.

La vitalité contagieuse de Geneviève soulève et ranime dans son sillage les âmes enlisées, les talents dénigrés et les rêves fissurés. Cet ouvrage est à son image : sincère et vivifiant. J'ai trouvé tout simplement formidable l'idée d'y participer et je suis fière d'y avoir posé ma petite pierre.

Écritures CSP Services linguistiques et documentaires
513-A, rue Parent, Saint-Jérôme (Québec) J7Z 2A4
CANADA

t 514-578-2090

e ecriturescsp@hotmail.com

Odette Pelletier

ÉDITRICE, CONFÉRENCIÈRE, COACH DE VIE,
FORMATRICE ET ÉCRIVAINE

J'ai accepté de participer à ce projet d'écriture parce que j'aime rendre service et communiquer. Considérant les valeurs humaines que ce livre mettrait en lumière, ma décision d'y participer fut immédiate dès que j'en entendis parler. Il était clair pour moi que ce livre devait voir le jour et l'idée de faire ma part me réjouissait fortement.

En effet, quelle belle trouvaille que de penser à rendre hommage à des femmes qui ont marqué la vie d'autres femmes ! Initialement, c'est à titre d'écrivaine que je proposai mes services. Je désirais ardemment exprimer ma profonde gratitude envers ma grande amie Pierrette et témoigner du lien d'amour exceptionnel nous unissant. Lorsque je fus approchée quelque temps plus tard, non seulement à titre de correctrice mais également comme éditrice, c'est avec le même enthousiasme que j'acceptai. Touchée par l'esprit d'entraide et l'empressement dont toutes les femmes impliquées dans la réalisation de ce projet ont fait preuve, j'ai choisi d'écouter la douce voix de mon cœur qui me disait *oui, Odette, vas-y... et sans attentes*. Donner de moi-même de la sorte s'est avéré une décision porteuse de gaieté et de ravissement, sentiments qui ont fait du bien à mon cœur et à mon âme.

Je profite de l'occasion qui m'est donné pour remercier Geneviève d'avoir accepté que je mette mes talents au service de ce magnifique projet. Cette belle aventure m'a permis de saisir avec encore plus de profondeur la beauté de l'entraide lorsqu'en des passages difficiles et importants de nos vies un être humain se rend disponible pour nous aider à marcher notre chemin. Merci de tout mon cœur !

Personnellement, je n'envisage pas de retraite. Je souhaite ardemment poursuivre ma réalisation en continuant de mettre mes talents de communicatrice au service de mes sœurs et frères en humanité que ce soit en tant que conférencière, coach de vie, formatrice ou écrivaine.

Avec amour et gratitude.

Centre de ressourcement l'Abreuvoir
281, chemin Lac-à-la-Loutre, Huberdeau (Québec) J0T 1G0
CANADA

t 819-687-3645
f 819-687-3645

e odettepelletier@sympatico.ca
w http://www.centrederessourcementlabreuvoir.com

Maison le Dire
11830, rue de la Randonnée, Mirabel (Québec) J7N 3C4
CANADA

t 450-565-6478
f 450-565-3310

e maisonledire@videotron.ca
w http://www.maisonledire.com

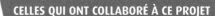
Denise Turcotte

CONCEPTRICE, ÉDITRICE DE MATÉRIEL ÉDUCATIF VISANT
L'ESTIME DE SOI - FORMATRICE ET CONFÉRENCIÈRE

Le mot « dire » occupe une place importante dans ma vie, dans ma carrière. Maison le Dire est le nom de mon entreprise, et « se connaître, s'aimer, se dire est un geste de générosité et d'amour » est ma devise.

Au fil du temps, j'ai eu l'occasion de pousser ma réflexion et d'arriver au constat suivant, à savoir que vaut « dire » sans l'écoute. Pour moi, ce livre se veut une tribune qui permet à plusieurs femmes de se raconter, de dire et de se dire. C'est aussi une place faite à l'écoute pour recevoir l'autre dans son histoire, dans son essence. J'ai eu le grand bonheur de participer à la rédaction de ce livre en recevant, pour une relecture, des textes de femmes qui avaient des choses à dire. J'ai eu le bonheur d'être « l'auditrice », la lectrice de l'émotion qui cherchait à s'organiser.

Mettre en mots écrits l'émotion n'est pas toujours facile, car parfois un coup couché sur le papier, l'émotion est comme un noeud que l'on doit défaire. Ma participation a été de recevoir des récits et de démêler l'émotion, de la ponctuer pour s'accorder le temps de la recevoir. Une fois le noeud défait, il nous est plus facile de suivre le fil de la pensée, du récit. Alors, sur une ligne droite et sans embûches, la lumière directe qui se pointe nous révèle des femmes éblouissantes.

Quel bonheur ce fut de découvrir ces femmes à travers leurs dires, dans toute leur grandeur et leur lumière ! Quelle générosité !

Julie Vigneault

AUTEURE ET MAITRE-PRATICIENNE EN PNL

D'abord journaliste, puis infographiste et enfin maître-praticienne en PNL, j'ai emprunté bien des chemins pour enfin accéder à la réalisation de mon rêve : devenir une auteure accomplie et reconnue. J'ai ainsi poursuivi, depuis près de 20 ans, ma quête des mots avec candeur et persévérance, découvrant au fil de mes expériences personnelles et professionnelles la source intarissable que m'offrait leur présence.

J'aime les mots. Je les aime goulûment lorsqu'ils s'offrent en un banquet de pâtisseries viscérales. J'aime leurs façons de s'unir les uns aux autres dans un maillage exquis dont les saveurs et les couleurs forment l'embryon de nos images intérieures. Impunément, les mots s'exposent alors au regard de l'explorateur, cherchant à travers lui, un sentier de résonances vers une existence essentielle.

J'aime les mots et j'ouvre mon être à leur naissance. En fait, j'aime tant les mots que je les accueille à bras ouverts lorsqu'ils me sont confiés par d'autres afin de les faire briller de leurs plus beaux éclats. Alors, je m'infuse, je m'infiltre, je me faufile au cœur des univers intimes pour lesquels j'ai eu l'immense privilège d'être admise en toute confiance. De fil en aiguille, de vision en révision, je repique, je brode, je tricote les mots pour créer, au final, une courtepointe tissée dans le plus grand respect de l'authenticité de l'étoffe initiale.

Ce projet, semé avec dynamisme par Geneviève Young et son équipe, a été pour moi une scène de prédilection où les mots se sont alignés, se sont domptés, se sont synchronisés de façon à devenir un splendide ballet d'excellence. Ainsi, avant que le rideau se lève sur ces entrechats de force, de courage et de sincérité, je tiens à remercier toutes ces femmes qui m'ont fait confiance. Merci d'avoir cru en moi et de m'avoir encouragée à mener à terme ce projet pour lequel, je le sais si bien maintenant, je récolterai mes plus beaux fruits de fierté.

Julie Vigneault
Auteure et maitre-praticienne en PNL

t 450-412-1051

e julie_vigneault@videotron.ca

Sujata Vadlamudy
CONCEPTRICE-RÉDACTRICE ET CHARGÉE DE PROJET

Il y a de cela bien longtemps vivait sur une île une Chose.

Rares sont ceux qui l'ont connue mais la légende veut que, fragile et vulnérable, cette *Chose* se soit un jour enfuie loin, très, très loin, pour tenter d'apaiser sa peur et de se faire oublier des autres. Le temps passa et, comme elle l'avait tant souhaité, son souvenir s'estompa. Il s'estompa tant et si bien qu'un jour, tous finirent par croire qu'elle n'avait jamais existé.

Heureusement, le cœur de cette *Chose*, resté tapi et muet tout ce temps, n'a jamais cessé de battre. Longtemps ce battement est resté presque inaudible mais, un jour, il a tressauté et réveillé cette *Chose* endormie. Cette *Chose*, vous l'aurez peut-être deviné, dormait tout au fond de moi. Cette Chose, c'est ce besoin hurlant que j'ai de créer par l'écriture. Ce besoin, qui jadis peinait à exister, a littéralement jailli des profondeurs quand on m'a offert l'opportunité de participer à ce projet de livre collectif.

Trop heureuse d'avoir donné des ailes à ma *Chose*, jamais plus je ne laisserai l'écriture sortir de ma vie. C'est en guise de remerciement et parce que j'en avais vraiment envie, que j'ai accepté de donner un petit coup de plume à d'autres qui en avaient besoin.

« Il y a au fond de chacune d'entre nous une toute petite voix qui tente de se faire entendre. La plus grande folie ne serait-elle pas de lui faire confiance plutôt que de l'ignorer ? »

Sujata Vadlamudy
Conceptrice-rédactrice et chargée de projet

t 514-915-5480

e sujata.vadlamudy@videotron.ca

Remerciements

Toute ma gratitude envers cette gerbe **magnifique** et **généreuse** composée de 42 femmes qui ont accepté de participer à cette œuvre collective. Sans vous, ce projet n'aurait pas pu germer et grandir jusqu'à la récolte. Chaque fleur d'amitié est un cadeau que chacune se fait en acceptant d'ouvrir son cœur en se tournant vers quelqu'un d'autre. Quel émerveillement ! De plus, votre solidarité permettra à notre réseau, celui des Dires de Geneviève Young, de poursuivre ses efforts pour tendre la main aux femmes désireuses de réaliser un rêve de vie. Notre émission télévisée pourra atteindre de plus en plus de personnes en quête de valeurs partagées. La croissance s'enracine dans la solidarité.

Un merci bien spécial à mon amie, ma grande sœur, mon mentor Cora Tsouflidou qui m'a grandement encouragée à réaliser ce livre collectif. Elle m'a dit un jour : « *Tu sais Geneviève, lorsque plusieurs femmes se rassemblent et choisissent de s'exprimer authentiquement, il se produit une sorte de miracle... chaque personne a une porte ouverte pour elle-même.* » Cora, tu as tellement raison !

Mes meilleurs sentiments vont à Chantal Léveillé, un ange qui a croisé ma route en 2010. **Talentueuse** artiste peintre, elle a accepté tout de go de produire la toile originale de ce collectif, une œuvre directement connectée à mes racines !

Toute ma reconnaissance à deux photographes **exceptionnelles**, Isabelle « Zabel » Gauthier et Sylvie Poirier, qui ont accepté avec joie et grand plaisir de faire les photos de ce livre. Du même coup, je remercie les amies et les familles pour leur participation à ces séances de photos.

À Julie Fortier et Caroline Rochefort, deux designers **flamboyantes** qui sont venues à mon secours. Merci ! Cette œuvre n'aurait pas été la même sans votre contribution. Vous avez su harmoniser tous les matériaux fournis généreusement par nos 42 co-auteures. Bravo ! Si on y prend tellement de plaisir à la contempler, c'est grâce à votre inventivité !

À toutes les collaboratrices et artisanes de ce livre, merci d'avoir mis à profit vos dons et talents naturels, le résultat est majestueux !

Cette chaîne de remerciements se poursuit avec toutes les femmes qui participent aux événements et émissions télévisées que j'organise depuis ces dernières années. Merci de votre soutien. C'est vous qui me donnez des ailes !

Mon bouquet de **Gratitudes** est accompagné de qualificatifs féminins pour toutes ces personnes qui m'entourent :

Grand-maman, merci pour ta **douceur** et ta **tendresse**
Maman, merci pour ton **don de soi** et ton **intuition**
Nathalie, merci pour ta **générosité** et ton **partage**
Jennifer, merci pour ta **fragilité** et ta **force**
Suzie, merci pour ton **authenticité** et ta **reconnaissance**
Martine, merci pour ta **guidance** et ton **écoute**
Josée, merci pour ta **présence** et ton **soutien**
Caroline, merci pour ta **joie de vivre** et ta **plénitude**
Mes amours, les trois hommes de ma vie, Claude, Sébastien et Vincent, merci pour votre **ouverture d'esprit** et votre **Amour** ♥

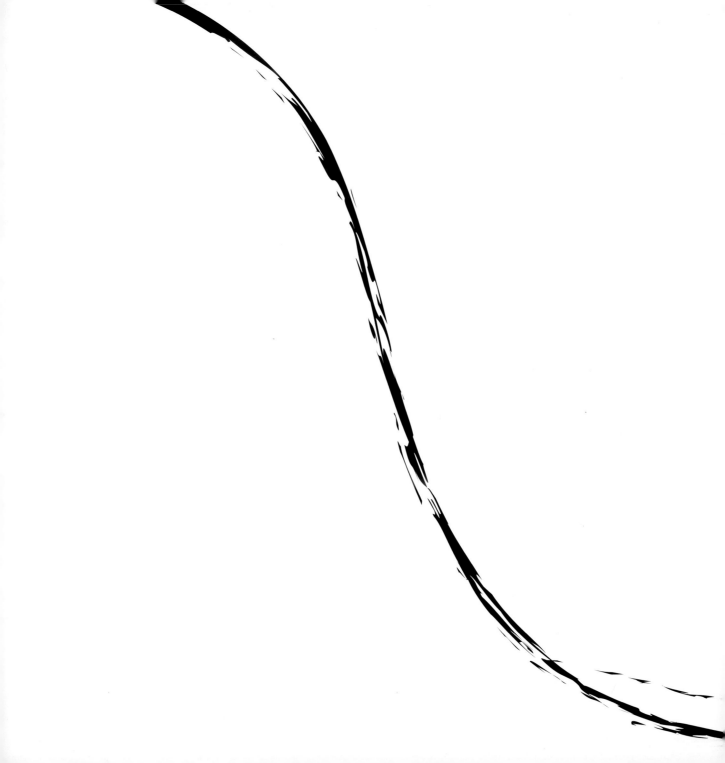

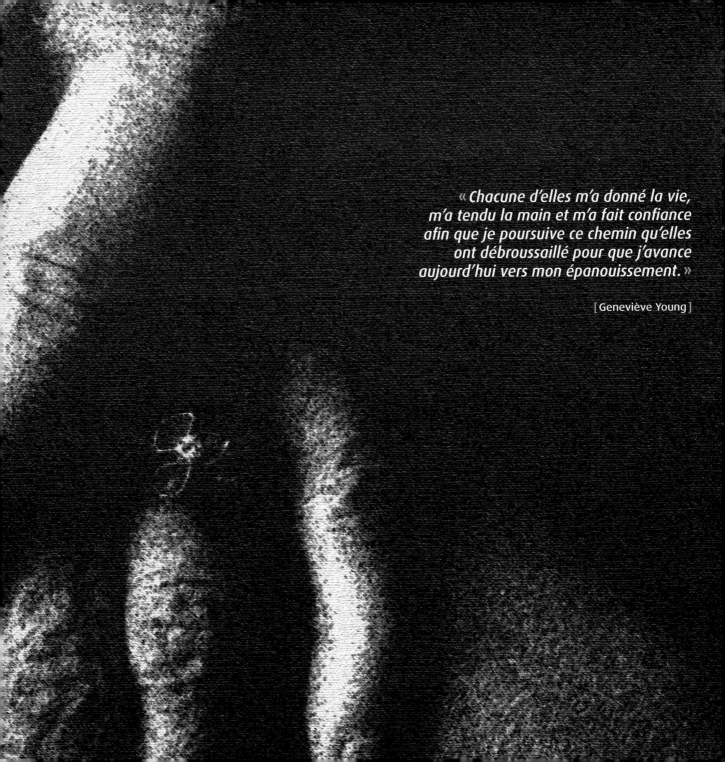

« Chacune d'elles m'a donné la vie,
m'a tendu la main et m'a fait confiance
afin que je poursuive ce chemin qu'elles
ont débroussaillé pour que j'avance
aujourd'hui vers mon épanouissement. »

[Geneviève Young]

Autres titres publiés aux Éditions de l'Être

Refaire les connexions – Avec les 7 lois spirituelles de la Vie de Odette Pelletier

L'amour, ce que je veux vraiment, vraiment, vraiment... Passer de l'amour personnel, à l'amour inconditionnel et à l'amour universel de Odette Pelletier

Retrouver l'essentiel – Comment vivre les transformations de la Terre de Francine Jeanmonod

Ouverture libératrice – Vivre l'ouverture d'une nouvelle conscience de Francine Jeanmonod

Création terrestre – Prenez conscience que vous êtes les créateurs de la nouvelle Terre de Francine Jeanmonod

Espoir face au cancer – Histoire d'une femme qui n'a jamais renoncé de Lucie Labrèche

Mes retrouvailles – Reprendre contact avec son Âme divine de Marilou Savoie

Nishu – Le voyage initiatique d'une adoption au Népal de Patricia Allibert

Être bien par la relaxation – Méthode de sophrologie par autosuggestion de Cécile Moineau

Être différent – Suivre le cours de sa rivière de Huguette Longtin

Le couple initiatique – Tout mon être aime tout ton être de Carolji et Éric

Coffret Tarô MamiëRâ de Francine Saint-Louis

À paraître bientôt

DIRE – Une démarche concrète pour communiquer avec plaisir de Geneviève Young